高等院校财务会计类专业系列教材

工业会计分岗位综合实训

主　编　吴玉平

北京理工大学出版社

BEIJING INSTITUTE OF TECHNOLOGY PRESS

内 容 简 介

本书是高等职业教育校内综合实训教材，是为了适应高等职业教育改革和培养技能型会计专业人才的需要，强化实践教学，提高学生会计综合能力和就业竞争力而编写的。本书以实际工作中具有典型性的真实交易和事项为素材，参照最新的《企业会计准则》，精选工业企业一个月完整的155笔业务，按照工业企业会计工作岗位的要求精心设计而成。主要内容以企业财税融合为核心，分别采用手工方式和电算方式，由简到繁、由浅入深，循序渐进地指导学生运用所学知识，通过9个岗位进行技能训练和模拟操作。实训内容从建账、审核和填制会计凭证开始，直至各种账簿的登记、会计报表的编制、各种税费的计算与申报、数据分析等，使学生更好地了解工业企业会计实务操作流程，提高学生会计职业判断能力，为其将来从事会计岗位工作打下坚实的基础。

图书在版编目（CIP）数据

工业会计分岗位综合实训／吴玉平主编. --北京：
北京理工大学出版社，2024.1（2024.3 重印）
　　ISBN 978-7-5763-3496-8

　　Ⅰ.①工…　Ⅱ.①吴…　Ⅲ.①工业会计-职业培训-
教材　Ⅳ.①F406.72

中国国家版本馆 CIP 数据核字（2024）第 038508 号

责任编辑：李慧智　　文案编辑：李慧智
责任校对：刘亚男　　责任印制：李志强

出版发行／北京理工大学出版社有限责任公司
社　　址／北京市丰台区四合庄路 6 号
邮　　编／100070
电　　话／（010）68914026（教材售后服务热线）
　　　　　　（010）68944437（课件资源服务热线）
网　　址／http://www.bitpress.com.cn

版 印 次／2024 年 3 月第 1 版第 2 次印刷
印　　刷／三河市天利华印刷装订有限公司
开　　本／787 mm×1092 mm　1/16
印　　张／11.25
字　　数／261 千字
定　　价／36.00 元

前　言

为了适应高等职业教育改革的需要，适应企业数字化转型对会计专业人才的要求，加强理论联系实际，强化实践教学，培养学生实际操作技能和综合分析能力，同时为了解决会计专业学生大批量到企业开展实习比较困难的局面，我们借鉴多年教学经验，与会计师事务所合作，编制了工学结合、以工业企业会计为例的校企合作开发教材。

本书严格执行"专业设置与产业需求相对接、课程体系与职业标准相对接、教学过程与工作过程相对接、顶岗实习与学生就业相对接、职业教育与终身学习相对接"，将工业会计实训分为 9 个岗位，即出纳员、资产会计、往来会计、职工薪酬会计、收入与成本会计、税务会计、决算会计、电算化会计、财务数据分析会计岗位，具有体系完整、结构合理、内容新颖、资料丰富、重点突出、实务操作性强、深入浅出和通俗易懂等特点。

将会计手工实训与会计电算化、财务大数据分析决策内容融入实训岗位，指导教师能循序渐进地指导学生运用所学习的知识，进行实践训练和操作。通过对该工业企业会计业务实践，指导学生从建账、审核和填制各种会计凭证开始，直至各种账簿的登记、会计报表的编制、税务数据信息监督与管理，并能够使用财务大数据分析与决策平台对企业财税数据进行计算与分析，进而掌握工业会计各个环节及各岗位的技能，为今后就业和将来的会计工作奠定坚实的基础。

本书主要参考了《企业会计准则》，既可以作为高等职业院校以及成人高校的财会专业实训教材，也可作为工业会计人员培训的参考书。

为更好的满足教学需要，保证和提高教学质量，本书提供了详细的实训答案（电子版）和电子课件（PPT）等配套资料。

本书由辽宁理工职业大学吴玉平担任主编，焦君、李轶伦、张俭担任副主编。

由于水平和经验有限，书中难免有疏漏或不当之处，敬请批评和指正。

编　者
2023 年 11 月

目录

实训一　实训目的和要求

一、实训目的

本实训是"会计基础""财务会计""成本会计""税务会计"课程的实践课,是帮助学生全面提升对财务会计理论的理解、提高实践与动手能力的重要一环,是对学生所学知识的检验。因此,学生在学完会计理论课程后,进行本实践性操作,应收到如下实效:

1. 系统全面地认识工业企业会计主体的自然情况、机构设置。

2. 熟练掌握会计实务操作的基本技能、基本流程,巩固所学的基础知识。

3. 能独立完成一个工业企业某月全部账务的处理。根据企业规模,设置会计科目和账户、复式记账、填制和审核凭证、登记账簿、成本计算、财产清查、编制财务报告、设计会计核算形式等。

4. 胜任工业企业的资产会计、往来会计、薪金会计、成本会计、税务会计、决算会计、出纳员岗位。

5. 能够根据工业企业发生的经济业务进行会计手工记账、会计电算化记账。

6. 能够运用财务数据分析平台进行数据分析并提供决策服务。

二、主要内容与学时分配

本课程 320 学时,建议学时分配如表 1-1 所示。

表 1-1　学时建议分配

顺序	模块项目	学时	备注
1	基本前提概论	20	会计手工实训室
2	大华公司出纳业务	30	会计手工实训室
3	大华公司资产核算与管理	40	会计手工实训室
4	大华公司债权债务核算与管理	25	会计手工实训室
5	大华公司职工薪酬核算	30	会计手工实训室

顺序	模块项目	学时	备注
6	大华公司收入与成本核算	40	会计手工实训室
7	大华公司税务会计	40	会计手工实训室
8	大华公司财务报告的编制	35	会计手工实训室
9	大华公司电算化(用友软件)实操	20	会计信息化实训室
10	大华公司财务数据分析实操	40	财务大数据智能分析实训室
	总计	320	

说明：学时分配可由讲课教师根据情况适当调整。

三、实训要求

本实训取材于大华公司 2020 年 12 月会计业务资料。老师要引导学生从实训第一天起，就虚拟为该企业不同岗位的会计人员。因此要以现行的会计法规、制度等为依据，运用所学的会计基本理论，审查和分析各项原始凭证和资料，在真证、真账和真表上操作，每人都要独立完成填写、编制记账凭证、会计账簿、会计报表的全部手工账务处理，同时利用用友 U8 财务软件进行会计信息化处理，利用 DBE 财务大数据实践教学平台完成大华企业 2020 年 12 月的财务数据分析。

四、实训方式与方法

原题取自企业实际发生的经济业务，以此为素材供学生进行操作。

教师根据企业的实际情况向学生讲解操作方法，风格宜通俗易懂，讲清知识点，讲清企业现实做法，指导使用真账真表真平台，独立完成全部实训内容。

五、实训基地与用具

实训用具(一人一岗计算)如表 1-2 所示。

表 1-2　实训用具

顺序	用具名称	计量单位	数量	备注
1	记账凭证	张	150	手工实训
2	相关原始凭证(自制和外来)	张	150	手工实训
3	库存现金日记账	张	5	手工实训
4	银行存款日记账	张	5	手工实训
5	三栏式明细账	张	20	手工实训
6	数量金额式明细账	张	10	手工实训
7	多栏式明细账	张	10	手工实训
8	总账	张	50	手工实训
9	科目汇总表	张	2	手工实训

续表

顺序	用具名称	计量单位	数量	备注
10	资产负债表	张	2	手工实训
11	利润表	张	2	手工实训
12	现金流量表	张	2	手工实训
13	各种纳税资料表	张	15	手工实训
14	计算器	个	1	手工实训
15	算盘	个	1	手工实训
16	公章、现金收付讫、银行收付讫、转讫	枚	6	手工实训
17	印泥	盒	1	手工实训
18	铁夹	个	10	手工实训
19	装订机	个	1	手工实训
20	多媒体	部	1	手工实训
21	胶水	瓶	1	手工实训
22	计算机	台	1	软件实训

实训二 模拟企业概况及财务制度的有关说明

一、公司概况

1. 锦州大华有限公司(以下简称"本公司",又称"大华公司")系经锦州市工商行政管理局核准登记注册的法人企业,营业执照注册号 2107011155,注册资本 150 万元,公司法定代表人:刘宏伟,会计:王艳,出纳:李立。2014 年 7 月开始营业。

本公司主要经营范围:石英制品的生产与销售。

2. 公司地址:锦州市凌河区和平路 5-15 号。

3. 公司账号:052137809142。

4. 开户银行:工商银行上海路支行。

5. 纳税人登记号:115379280673822。

6. 公司电话:0416-3963888。

二、财务制度的有关规定和说明

1. 本公司执行《企业会计准则》和《工业企业会计制度》的有关规定。

2. 本公司会计年度自公历 1 月 1 日起至 12 月 31 日止。

3. 记账本位币:人民币。

4. 记账基础和计价原则:以权责发生制为记账基础,以实际成本为计价原则。

5. 坏账损失的核算方法:采用备抵法。

6. 存货核算方法:存货分为原材料、库存商品、低值易耗品等。

原材料、库存商品等,按实际成本采用加权平均法。

低值易耗品按实际成本计价,一次摊销法结转成本。

7. 固定资产及其折旧的核算方法计价:按历史成本法。

固定资产折旧采用直线法计提折旧,各类固定资产的折旧年限、年折旧率、残值率如

表 2-1 所示。

表 2-1　折旧年限、年折旧率、残值率

固定资产类别	折旧年限/年	年折旧率/%	残值率/%
房屋建筑物	20	4.75	5
机器设备	10	9.5	5
电子设备	3	31.7	5

8. 公司主要税项如表 2-2 所示。

表 2-2　公司主要税项

税种	计税基数	税率/%
增值税	商品销售收入	13（销项税和进项税差）
城建税	增值税	7
教育费附加	增值税	3
地方教育费附加	增值税	2
企业所得税	应纳税所得额	25

9. 利润的分配方法。

弥补亏损后税后利润的 10% 计提法定盈余公积；

向股东分配股利。

三、11 月份科目余额主要项目的说明

1. 货币资金：期末余额 835 499.22 元。

其中：现金 15 501.00 元；

　　　　银行存款 719 998.22 元；

　　　　其他货币资金：期末余额 100 000.00 元。

2. 应收票据：期末余额 200 000.00 元。

其中：银行承兑汇票——洛阳单晶有限公司 100 000 元。

3. 应收账款：期末余额 328 000.00 元。

其中：洛阳单晶公司 200 000.00 元；

　　　　杭州深东公司 120 000.00 元；

　　　　红运公司 8 000 元，另坏账准备-15 840 元。

4. 其他应收款：期末余额 5 566.78 元，为应收保险公司理赔款。

5. 预付账款：期末余额 350 105.48 元。

其中：预付青岛机械厂设备款 200 000.00 元；

　　　　预付上海五杰公司材料款 150 105.48 元。

6. 周转材料：期末余额 8 038.52 元。

7. 原材料：期末余额 203 978.38 元，11 月末原材料明细如表 2-3 所示。

表2-3　原材料明细

品名	数量/吨	单价/元	金额/元
石英砂	8.9	19 265.49	171 462.86
增韧剂	4.6	4 456.99	20 502.15
充料	1	2 000.00	2 000.00
钢管	2.002 674	5 000.00	10 013.37
合计	—	—	203 978.38

8. 库存商品：期末余额428 090.00元，11月末库存商品明细如表2-4所示。

表2-4　库存商品明细

品名	数量/个	单价/元	金额/元
50寸坩埚	3 000	23.15	69 450.00
52寸坩埚	6 000	25.2	151 200.00
54寸坩埚	8 000	25.93	207 440.00
合计	—	—	428 090.00

9. 生产成本：期末余额127 414.00元，11月末生产成本明细如表2-5所示。

表2-5　生产成本明细　　　　　　　　　　　　　单位：元

品名	直接材料	直接人工	制造费用	合计
50寸坩埚	53 467	506	709	54 682.00
52寸坩埚	43 560	745	978	45 283.00
54寸坩埚	26 543	356	550	27 449.00
合计	—	—	—	127 414.00

10. 在建工程：期末余额527 267.30元。

其中：仓库110 000.00元；

平台83 760.68元；

混料机17 094.02元；

挤出机76 923.08元；

彩板房地产239 489.52元。

11. 固定资产：期末余额838 834.40元，11月末固定资产明细如表2-6所示。

表2-6　固定资产明细

固定资产	数量	金额/元	使用年限
房屋	320平方米	320 000.00	20
挤出机50型	2台	130 000.00	10
挤出机60型	1台	84 000.00	10
成型机	1台	81 084.40	10
上料机	1台	5 800.00	10

续表

固定资产	数量	金额/元	使用年限
混料机	1 台	25 500.00	10
模具	1 台	32 450.00	10
锻造加热炉	1 台	80 000.00	10
中华轿车	1 辆	80 000.00	4
合计	—	838 834.40	—

12. 累计折旧：期末余额 106 839.72，11 月末已提折旧如表 2-7 所示。

表 2-7 已提折旧

固定资产	已提折旧金额/元
房屋	20 260.33
挤出机 50 型	22 127.04
挤出机 60 型	10 640.00
成型机	10 270.69
上料机	734.67
混料机	3 230.00
模具	4 110.33
锻造加热炉	10 133.33
中华轿车	25 333.33
合计	106 839.72

13. 无形资产：期末余额 265 000.00 元，为土地使用权，土地面积为 256 平方米。

14. 累计摊销-土地使用权：期末余额 12 367.00 元。

15. 预收账款：期末余额 330 000.00 元为预收大可公司货款。

16. 应付账款：期末余额 652 160.00 元。

其中：上海杰特公司 452 160.00 元；

锦州瑞恩公司 98 000.00 元；

锦州宁波机械厂 102 000.00 元。

17. 应付票据：期末余额 250 000.00 元。

18. 其他应付款：期末余额 415 000.00 元。

为向东方公司的借款 411 500.00 元，北方公司 3 500.00 元。

19. 应交税费：期末余额 72 292.99 元。

其中：应交增值税 64 264.86 元；

应交房产税 224.00 元；

应交车船使用税 300.00 元；

应交城建税 4 498.54 元；

应交教育费附加 1 927.94 元；

应交地方教育费附加 642.65 元；

应交土地使用税 320.00 元；

应交个人所得税 115.00 元。

20. 应付职工薪酬：期末余额为职工福利 52 167.00 元。

21. 实收资本：期末余额 1 500 000.00 元。

其中：锦州启航公司 1 000 000.00 元；

刘宏伟 300 000.00 元；

李超 200 000.00 元。

22. 资本公积-资本溢价：期末余额 106 059.26。

23. 盈余公积：期末余额 38 642.37 元。

24. 利润分配-未分配利润：期末余额 566 425.74 元。

四、大华公司成本核算的过程

大华公司是一个小型生产企业，本月共生产三种产品。名称为 50 寸坩埚、52 寸坩埚、54 寸坩埚。产品成本计算采用品种法。具体做法如下：产品生产直接耗用的原材料均可直接记入产品成本计算单。直接人工费采用生产工时分配法。公司规模较小，未设独立的辅助车间。生产过程中发生的水电费直接记入制造费用。本公司制造费用的分配方法也采用生产工时分配法。期末在产品的完工程度用约当产量法计算。原材料在生产开始时一次投入。

三种产品的 11 月末余额及在产品数量如表 2-8 所示。

表 2-8 月末余额及产品数量

品名	直接材料/元	直接人工/元	制造费用/元	合计/元	本月完工数量/个	期末在产数量/个	在产品完工程度/%
50 寸坩埚	53 467.00	506.00	709.00	54 682.00	4 400	1 000	50
52 寸坩埚	43 560.00	745.00	978.00	45 283.00	3 500	800	50
54 寸坩埚	26 543.00	356.00	550.00	27 449.00	2 200	400	50

五、大华公司员工 2020 年 11 月工资

大华公司员工 2020 年 11 月的工资情况如表 2-9 所示。

表 2-9 工资情况

职务	姓名	工资/元	计入的科目
经理	刘宏伟	6 800.00	管理费用
销售员	张辉	2 400.00	管理费用
出纳员	李立	2 400.00	管理费用
会计	王艳	3 000.00	管理费用
采购员	付宏	2 400.00	管理费用
小计	—	15 000.00	—
车间主任	王东	4 500.00	制造费用

续表

职务	姓名	工资/元	计入的科目
质检员	李伟	3 000.00	制造费用
仓库保管员	黄壮	3 000.00	制造费用
车间技术员	孙文	3 000.00	制造费用
小计	—	13 500.00	—
工人	李强	4 000.00	生产成本
工人	杨忠	3 800.00	生产成本
工人	蒋丽	4 800.00	生产成本

【能力目标】

系统温习学过的知识，明确为什么要做会计，怎样做好，工作流程是什么，这是会计实训的前置课程。通过本模块训练，使学生方向明、思路清，达到理解会计的职能、掌握会计科目、掌握年初开账技能。

【实训要求】

复习会计科目核算内容。用丁字形勾勒各科目的对应关系，设计展示图表让学生一目了然。学生要熟背科目核算范围及各科目之间的勾稽关系。

清楚必知的会计核算操作流程。

【重点难点】

重点是实训前应知应会的几个问题。

难点是熟背各科目核算范围及勾稽关系。

【知识链接】

会计要素、会计等式、会计科目、账户、复式记账法、会计凭证、会计账簿、会计报表、用友 U8 财务软件操作流程、财务数据平台操作流程。

【课后复习】

你想做一名合格的会计吗?

用丁字形勾勒各科目的对应关系，熟记会计科目核算内容。

开启年初账户。

【实效考核】

熟记会计科目核算内容达到 80% 以上。每人完成开设相应科目的明细账和总账工作。

实训三 会计分岗位实训

一、出纳岗位

【岗位设计】

2020 年 12 月份发生业务如下：

1. 12 月 1 日，从银行提取现金 45 000.00 元，以备日常使用。

2. 12 月 1 日，销售员张辉要出差到洛阳，向公司借差旅费 5 000.00 元。

3. 12 月 1 日，以转账支票形式预付锦变公司变压器改造工程款的 20%，注明工程全款 15 000.00 元。

4. 12 月 2 日，公司支付锦州市金山印刷厂印刷产品宣传册款 565.00 元，用现金支付。

5. 12 月 2 日，为了生产需要，采购员申请采购材料款 80 000.00 元，以电汇的形式支付给上海杰特公司。

6. 12 月 3 日，支付上述电汇手续费 10.00 元。

7. 12 月 3 日，购买现金支票一本，工本费 25.00 元。

8. 12 月 3 日，收到杭州深东公司货款 50 000.00 元。

9. 12 月 4 日，采购员付宏请款购买泰和公司 A4 打印纸，数量 5 箱，每箱含税价 226 元，总价款 1 130.00 元，取得增值税普通发票，增值税税率 13%，款项以银行存款支付。

10. 12 月 5 日，委托银行签发银行汇票一张，金额为 50 900.00 元，采购员持票到上海华普公司购买石英砂。

11. 12 月 5 日，取得锦州市废品回收公司增值税专用发票，税率 13%，废品收入含税价为 4 500.00 元，取得现金。并当日下午缴存到银行账户中。

12. 12 月 5 日，以现金支付排污费 500.00 元。

13. 12 月 6 日，用转账支票支付锦州市修配厂修理设备劳务费 5 400.00 元，在建工程劳务费每人 2 000 元，总计 10 000.00 元。

14. 12 月 7 日，业务员张辉报锦州市全聚德烤鸭店餐费 1 200.00 元，取得增值税普通发票，税率 3%，以现金支付。

15. 12 月 7 日，以转账支票形式支付锦州市联通公司上月电话费 4 726.38 元，取得普通发票，税率 6%。

16. 12 月 7 日，业务员张辉报沈阳旅费 3 210.00 元。其中火车票单程 19 元，市内交通费 30 元，出差 5 天，每天补助 60 元。

17. 12 月 7 日，付联邦公司电脑耗材款，含税价 1257.00 元，以转账支票形式支付，取得普通发票，税率 3%。

18. 12 月 7 日，交本年宽带费 623.00 元，以转账支票的形式支付给联通公司，取得普通发票，税率 6%。

19. 12 月 7 日，公司以银行存款 7 200.00 元，支付锦州报社报刊费，取得普通发票，税率 0%。

20. 12 月 7 日，收到职工李强因不按指定地点吸烟，缴纳罚款 500.00 元。

21. 12 月 8 日，以现金支付汽车违章罚款 1 200.00 元。

22. 12 月 10 日，收追加股金，其中：王东 100 000.00 元，并将股金存入银行。

23. 12 月 10 日，出纳员李立报打车费 50.00 元，以现金支付。

24. 12 月 11 日，业务员张辉借备用金 5 000.00 元。

25. 12 月 11 日，以银行存款付银行汇票手续费 48.78 元。

26. 12 月 12 日，业务员张辉报招待费 478.00 元。取得锦州全聚德烤鸭店普通发票，税率 3%。

27. 12 月 12 日，业务员张辉报手机费 505.00 元，取得联通公司普通发票 1 张，税率 0%。

28. 12 月 13 日，出纳员李立报差旅费 1 137.00 元，款项以现金支付。其中车票单程 380 元，市内交通费 20 元，出差天数 3 天，每天补助 50 元。

29. 12 月 14 日，从锦州五金商店购扳手花费 750.00 元，现金支付，取得普通发票，税率 13%。

30. 12 月 14 日，开具现金支票到银行支取现金 20 000.00 元。

31. 12 月 17 日，开给兴达公司的承兑汇票到期付款 46 800.00 元。

32. 12 月 18 日，将未到期的期限为 3 个月的银行承兑汇票 100 000.00 元，到银行办理贴现，贴现息 5 850.00 元。票据出票日 2020 年 10 月 18 日，票据到期日 2021 年 1 月 18 日，贴现利率 5.85%。

33. 12 月 20 日，以银行存款支付给上海杰特公司到期的银行承兑汇票 50 900.00 元。

34. 12 月 21 日，公司收到洛阳单晶有限公司到期的一张面值 100 000.00 元的无息银行承兑汇票。

35. 12 月 21 日，用银行存款支付世纪广告公司广告费 15 000.00 元，后附增值税专用发票，税率 6%。

36. 12 月 22 日，用银行支付锦州市会展中心年度产品展销会展览费 15 000.00 元，后附增值税专用发票，税率 6%。

37. 12 月 24 日，现金清查中发现现金短缺 150.00 元，原因待查。

38. 12 月 27 日，查明现金短缺原因，由于出纳员失职造成，应由其负责赔偿，出纳员交回现金。

39. 12 月 27 日，以现金购联邦公司打印机耗材 1 260.00 元，取得普通发票，税率 13%。

40. 12 月 27 日，从工商银行借入流动资金借款 100 000.00 元，借款利率 5%，借款期限 6 个月，合同编号 4583901。款项已存入银行账户。

41. 12 月 30 日，支付借款利息 520.00 元，款项已由银行支付。

42. 12 月 30 日，将现金 10 000.00 元存入银行。

43. 12 月 30 日，企业按规定填制申请表连同 36 000.00 元的转账支票和有关资料一并送交发卡银行，申请取得一张信用卡。

44. 12 月 30 日，企业用信用卡支付锦州全聚德业务招待费 1 500.00 元，取得普通发票，税率 3%。

45. 12 月 30 日，付锦变公司变压器改造余款 12 000.00 元。

46. 12 月 30 日，收到锦变公司结算单据，取得专用发票一张，税率 9%。

【能力目标】

通过本实训，使学生了解出纳工作的基本内容和出纳人员应具备的业务素质，明确工作程序，独立完成有关票证的填制和审核，掌握货币资金的核算方法。

【实训要求】

1. 对实际发生的经济业务进行内容和原始凭证的审核，填制记账凭证，并顺序逐笔登记现金、银行日记账。

2. 填写相关的银行票证，去往银行办理相关业务。

3. 核对银行对账单，编制银行存款余额调节表，处理未达账项。

【重点难点】

重点是出纳业务工作流程及各种业务办理。

难点是如何审核原始单据。

【知识链接】

现金和银行结算规定。明细账户和日记账户的登记方法。

【课后复习】

1. 库存现金管理制度是什么？

2. 银行转账结算方式有哪些？

3. 怎样进行银行存款的核对？

【实效考核】

学生完成全部模块设计题的实作，合格率达 80%。

二、资产会计岗位

【岗位设计】

2020 年 12 月份发生业务如下：

47. 12 月 5 日，将安装的固定资产平台(移交单位锦州铁龙建筑有限公司，资产编号 202001，规格型号 20×151.09，合同编号 20201247，使用年限 20 年，保管使用单位：一车间)转入固定资产价值 83 760.68 元。

48. 12 月 5 日，安装一台混料机(移交单位锦州铁龙建筑有限公司，资产编号 202002，规格型号 MVP-2000，合同编号 20201248，使用年限 10 年，保管使用单位：一车间)，价款 17 094.02 元，已从在建工程转入。

49. 12 月 7 日，安装的一台挤出机(移交单位：上海瑞达机械有限公司，资产编号

202003，规格型号 SJ-35-30，合同编号 20201249，使用年限 10 年，保管使用单位：一车间），价款 76 923.08 元，已从在建工程转入固定资产。

50. 12 月 12 日，由宁波机械厂购入 50 寸坩埚模具（移交单位：宁波机械厂，资产编号 202004，规格型号 50 寸，合同编号 20201250，使用年限 10 年，保管使用单位：一车间），价款 47 863.25 元，进项税 6 222.22 元，运输费 1 800.00 元（含税，税率 9%），运费由宁波机械厂垫付，以上款项均未付。取得购买坩埚模具专用发票 1 张，税率 13%，另取得宏达运输公司专用发票一张，税率 9%。

51. 12 月 15 日，在建的彩板房（移交单位：辅助车间，资产编号 202005，规格型号 10×10，合同编号 20201251，使用年限 10 年，保管使用单位：一车间）转固定资产转入价 239 489.52 元。

52. 12 月 15 日，从联邦公司购入一台联想电脑，专用发票注明价款 6 864.10 元，税 892.33 元，税率 13%。款项已由银行存款支付。

53. 12 月 15 日，从联邦公司以现金购电脑桌椅一套价款 350.00 元（取得增值税普通发票，税率 13%）。

54. 12 月 19 日，基本生产车间出售 1 台闲置挤出机（购买单位锦州兴华有限公司，规格型号 50，使用年限 10 年，实际使用年限 28 个月）原价 65 000.00 元，已提折旧 14 408.24 元，售价 50 000.00 元，支付朋利运输公司运输费用 2 000.00 元，均通过银行存款收支。该项固定资产已清理完毕。

55. 12 月 15 日，企业从锦州市专利局购入一项专利权，支付价税款 240 000.00 元，税率 13%，取得增值税普通发票。款项已支付。该专利权使用寿命为 15 年，不考虑残值。

56. 12 月 20 日，采购员到上海杰特公司购买打磨机，委托当地开户银行办理银行汇票 40 000.00 元。

57. 12 月 25 日，从杭州深东公司购入一台需安装的粉碎机，设备价款 20 000.00 元，增值税 2 600.00 元，支付朋利运输公司运输费 1 000.00 元（含税价），取得专用发票，税率 9%，支付杭州深东公司安装费 3 000.00 元（含税价），取得专用发票，税率 13%。款项均由银行支付。

58. 12 月 25 日，自建混料机一台，从锦州市配件厂购入所用附属件 50 000.00 元（不含税价），支付增值税 6 500.00 元，支付其他费用 18 000.00 元。以上款项均用银行存款支付，工程未达到预定可使用状态。

59. 12 月 25 日，对一台现有的机器设备进行日常修理，支付锦州市修配厂修理费 5 400.00 元（含税价，税率 3%），现金支付。

60. 12 月 25 日，企业将商标权租给红达公司使用，每年收取租赁费 5 000.00 元（含税），取得增值税专用发票，税率 6%，用银行存款支付。

61. 12 月 25 日，收到瑞恩公司投入的挤出机一台，原价 120 000.00 元，已提折旧 40 000.00 元，评估价为 70 000.00 元。已入账。

62. 12 月 25 日，收到泰宝公司投入的专有技术一项，评估价为 27 000.00 元。附股东大会决议、技术监督部门评估报告。

63. 12 月 26 日，收到瑞星公司的捐款 20 000.00 元，存入银行。

64. 12 月 26 日，从华瑞公司购 6140 型车床一台，价值 50 000 元（不含税），取得增值税专用发票，应交税款 6 500.00 元，款项已支付。

65. 12 月 28 日从上海杰特公司购入主要材料石英砂 0.8 吨，每吨不含税单价 18 750.00 元。价款 15 000.00 元，取得增值税专用发票，税 1 950.00 元，款项已于 12 月 2 日预付。12 月 28 日，从上海杰特公司购入主要材料石英砂 3 吨，每吨不含税单价 19 943.02 元。价款 59 829.06 元，增值税 7 777.78 元，款已于 12 月 2 日预付。

66. 12 月 28 日从瑞恩公司购入主要材料石英砂 1.6 吨，每吨不含税单价 18 750.00 元。价款 30 000.00 元，税 3 900.00 元，款未付。

67. 12 月 29 日，从上海杰特公司购入辅助材料增韧剂，材料已到并已验收入库，发票未到，款未付，估价 6 239.32 元。

68. 12 月 29 日，从上海华普公司购入主要材料石英砂 2.25 吨，每吨不含税单价 19 335.23 元。价款 43 504.27 元，税 5 655.56 元，以 12 月 5 日签发的银行汇票支付。

69. 12 月 29 日，以银行支票从锦州市配件厂购五金件等 3 276.00 元(含税价)，取得增值税专用发票，税率 13%。

70. 12 月 29 日，上月从上海杰特公司购入估入的辅助材料，发票已到，估入价 6 239.32 元。发票标明购入增韧剂 2.65 吨，每吨不含税单价 4 355.75 元，价款 11 542.74 元；购入填充料 2.73045 吨，每吨不含税单价 2 000.00 元，价款 5 470.09 元。税款 2 211.67 元，以银行存款支付。

71. 12 月 29 日，从青岛机械有限公司购入 200 型成型机一台价款 96 153.85 元，取得增值税专用发票，进项税合计 12 500.00 元。运输费 2 000.00 元(含税价)，取得增值税专用发票，税率 9%，运费用银行存款支付。货款已预付。

72. 12 月 29 日，从上海杰特公司购入主要材料石英砂 0.75 吨，每吨不含税单价 19 772.08 元。价款 14 829.06 元，税 1 927.78 元，款未付。

73. 12 月 30 日，摊销无形资产 2 000.00 元。土地使用权使用年限 50 年，专利权使用年限 15 年，专用技术使用年限 10 年，按直线法摊销。

【能力目标】

1. 明确固定资产管理、材料核算会计的岗位职责、职能、权限、基本要求是什么。

2. 明确企业在固定资产管理、无形资产、材料、低值易耗品等物资管理上的各自分工与责任，财务部门履行的责任。

3. 熟知固定资产的特征、计价和分类。掌握固定资产及折旧的核算方法，了解企业对固定资产的日常管理制度。

4. 掌握材料、低值易耗品、包装物收发结存的核算；了解企业实际管理方法。

5. 了解无形资产的定义、特征和核算内容。

【实训要求】

通过本模块经济业务实例的训练，使学员达到以下要求。

1. 明确各类资产的核算范围和办法。

2. 根据发生的经济业务填制记账凭证，并登记有关的总账和明细账。

3. 登记固定资产卡片和原材料卡片。

4. 明确各岗位的职责分工。

5. 掌握无形资产的构成、有效期限、核算方法。

【重点难点】

重点是固定资产和原材料的日常核算与管理。

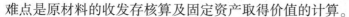

难点是原材料的收发存核算及固定资产取得价值的计算。

【知识链接】

固定资产、流动资产、长期投资、无形资产、递延资产及其他资产的概念、确认的条件。

【课后复习】

固定资产核算中注意的问题有哪些？

在资产管理中财务人员的职责范围是什么？

固定资产和原材料的主要基础工作是什么？

【实效考核】

学生能独立完成固定资产、存货的科目设置；建立固定资产卡片，完成率达到 70%。

三、往来会计岗位

【岗位设计】

2020 年 12 月份发生业务如下：

74. 12 月 1 日，预收大可公司货款 100 000.00 元，款项已存入银行。

75. 12 月 2 日，预付青岛机械有限公司 200 型机床货款 113 000.00 元，货款已从银行支付。

76. 12 月 2 日，预付宏伟公司活动板房款 46 800.00 元，以商业承兑汇票支付。

77. 12 月 3 日，预付兴达公司板材款 30 000.00 元，款项由银行支付。

78. 12 月 3 日，预付上海五杰公司材料款 4 540.00 元，款项已由银行支付。

79. 12 月 3 日，收到东方公司包装物押金款项 100 000.00 元，已存入银行。

80. 12 月 5 日，收到大矿公司支付一张无息的银行承兑汇票 23 400.00 元。

81. 12 月 6 日，退还东方公司包装物押金款 100 000.00 元，以银行存款支付。

82. 12 月 6 日，收到大矿公司货款 88 920.00 元。

83. 12 月 30 日，应收红运公司货款 8 000.00 元，已逾期 3 年，屡催无效，确认无法收回，经批准作为坏账处理，附董事会决议。

84. 本年应计提坏账准备为 1 200.00 元。

85. 12 月 31 日，收到上海五杰公司返回多余货款 5 000.00 元。

86. 12 月 31 日，收张辉 12 月 1 日出差借支余款 633.00 元。

87. 12 月 31 日，通过电汇方式预付上海杰特公司货款 87 550.00 元并支付手续费 10.00 元。

88. 12 月 31 日，以银行存款预付青岛机械公司设备款 123 000.00 元。

89. 12 月 31 日，收取大矿公司周转箱押金 2 000.00 元。

90. 12 月 31 日，支付东方公司保证金 20 000.00 元。

91. 12 月 31 日，退回北方公司周转箱押金 3 500.00 元。

【能力目标】

通过本模块学习，使学生了解企业往来账款的基本性质；及时清理各项往来账项的重要性。实训这一课，要求学生主要掌握怎样设立明细户，怎样及时准确地结账、清账，掌握对账技巧和方法，了解企业往来核算要注意哪些问题。

【实训要求】

1. 开设应收账款、预付账款、其他应收款、预收账款、应付账款、其他应付款明细账和总账。

2. 划清应收应付各账户核算内容和核算原理。

3. 月末清理各项应收账款、应付账款等账。

4. 学会办理各种转账手续、建立基础资料。

5. 编制应收、应付账款科目余额表、账龄分析表。

【重点难点】

重点是应收和应付账款的账务处理。清理往来账款的方法及技巧。

难点是掌握往来账款管理中注意的问题，体会企业管理过程中会计质量的重要程度。

【知识链接】

应收债权与负债的含义及分类、往来科目的核算内容。

【课后复习】

应收应付款项如何进行核算？

日常工作中清理往来账款的方法是什么？

【实效考核】

学生能独立完成清理往来账项，独立完成设立往来科目。

四、职工薪酬会计岗位

【岗位设计】

2020 年 12 月份发生业务如下：

92. 12 月 31 日，车间管理人员工资 13 500.00 元，管理人员工资 17 000.00 元，生产工人工资 12 600.00 元。

93. 12 月 31 日，按工资总额 1%计提失业保险，其中：计入制造费用 135.00 元、管理费用 170.00 元、生产成本 126.00 元。

94. 12 月 31 日，工会活动从锦州市邮政公司购买宣传画报，用库存现金支出 334 元（含税价），取得增值税普通发票。（不超过按工资总额 2%计提工会经费）其中：计入制造费用 109.90 元、管理费用 122.20 元、生产成本 101.90 元。

95. 12 月 31 日，培训部从锦州市邮政公司购买教学杂志等，用现金支出 417.50 元（含税价），取得增值税普通发票。（按工资总额的 2.5%计提职工教育经费）按学员去向分，其中：计入制造费用 137.13 元、管理费用 152.37 元、生产成本 128.00 元。

96. 12 月 31 日，按工资总额的 7%计提职工医疗保险，其中：计入制造费用 945.00 元、管理费用 1 190.00 元、生产成本 882.00 元。

97. 12 月 31 日，按工资总额的 20%计提职工养老保险，其中：计入制造费用 2 700.00 元、管理费用 3 400.00 元、生产成本 2 520.00 元。

98. 12 月 31 日，按工资总额的 10%计提职工住房公积金，其中：计入制造费用 1 350.00 元、管理费用 1 700.00 元、生产成本 1 260.00 元。

99. 12 月 31 日，以现金支付本月工资，支付现金 34 252.32 元，并代扣 8%的养老保险 3 448.00 元，2%的医疗保险 862.00 元，0.5%的失业保险 215.50 元，10%的住房公积金 4 310.00 元，代扣个人所得税 12.18 元。

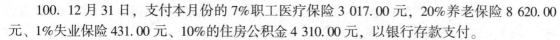

100. 12月31日，支付本月份的7%职工医疗保险3 017.00元，20%养老保险8 620.00元、1%失业保险431.00元、10%的住房公积金4 310.00元，以银行存款支付。

101. 12月31日，支付职工困难补助1 000.00元，以现金支付。

102. 12月31日，支付11月职工食堂补助200.00元，以现金支付。

103. 12月31日，年终公司发放福利购大米1 000公斤，支付3 000.00元(含税价，税率13%)，取得锦州市粮油公司增值税普通发票。

【能力目标】

1. 重点掌握职工薪酬的定义与组成，分清工资、附加工资、奖金、津贴和补贴的构成。

2. 熟练掌握工资的计算。会计算计时工资的日工资率，掌握计件工资方法。

3. 掌握个人所得税的计算方法。

4. 职工薪酬核算原理，以工资为基数计提列支各项费用。

5. 了解职工缴纳社会保险费的标准及办理手续。

【实训要求】

1. 明确工资核算会计的岗位职责、工作标准。

2. 根据企业职工名单编制工资发放计算表。计算不同岗位职工计时工资和计件工资，计算职工的各种扣款。

3. 编制工资支出汇总表，依汇总表编制记账凭证列支成本，并登明细账、总账。

【重点难点】

重点是计算职工的计时工资和计件工资。发放本月工资。编制工资支出汇总表。

难点是弄清企业一共提取多少费用，怎样提? 依据是什么? 个人所得税怎样计算?

【知识链接】

应付职工薪酬概念、核算内容、科目设置、账务处理原理。

【课后复习】

1. 应付职工薪酬概念。

2. 核算职工薪酬时应注意哪些问题?

【实效考核】

学生独立完成计算员工工资表，独立完成工资汇总、分摊工资支出费用。

五、收入成本会计岗位

【岗位设计】

2020年12月份发生业务如下:

104. 12月27日，从上海杰特公司购买打磨机一台，设备价款32 000.00元，税款4 160.00，银行汇票金额40 000元，银行退回多余款。

105. 12月27日，以现金支付生产车间蒋丽报销差旅费160.00元。

106. 12月27日，以现金支付锦州市技术监督局生产车间技术鉴定检验费469.18元，取得增值税普通发票。

107. 12月30日，本月计提折旧6 324.12元。

108. 12月30日，车间以现金从联邦公司购入打印纸300.00元(含税价，税率1%)，取得增值税普通发票。

109. 12 月 30 日，以现金支付朋利运输公司由生产车间负担的运输费 150.00 元（含税价，税率 9%），取得增值税普通发票。

110. 12 月 30 日，以银行存款支付锦州市自来水公司生产车间水费 2 350.00 元（含税价，税率 3%），取得增值税普通发票。

111. 12 月 30 日，以银行存款支付锦州市电业局生产车间电费 1 300.00 元，取得增值税普通发票（含税价，税率 3%）。

112. 12 月 30 日，领用原材料合计 155 715.30 元。月末各部门领料明细如表 3-1 所示。

表 3-1　各部门领料明细

材料名称	单位	数量	领用部门
石英砂	吨	0.65	生产 50 寸坩埚
石英砂	吨	1.26	生产 50 寸坩埚
石英砂	吨	0.8	生产 50 寸坩埚
增韧剂	吨	0.98	生产 50 寸坩埚
增韧剂	吨	0.54	生产 50 寸坩埚
充料	吨	0.95	生产 50 寸坩埚
充料	吨	0.29	生产 50 寸坩埚
石英砂	吨	0.6	生产 52 寸坩埚
石英砂	吨	1.05	生产 52 寸坩埚
石英砂	吨	0.85	生产 52 寸坩埚
增韧剂	吨	0.9	生产 52 寸坩埚
填充料	吨	1	生产 52 寸坩埚
石英砂	吨	0.85	生产 54 寸坩埚
石英砂	吨	0.65	生产 54 寸坩埚
增韧剂	吨	0.7	生产 54 寸坩埚
填充料	吨	0.5	生产 54 寸坩埚
钢管	吨	0.026	车间
扳手	套	10	车间
钢管	吨	1.155 334	办公室

113. 月末按工时结转应付职工薪酬。

其中：50 寸坩埚工时数为 240 小时；

52 寸坩埚工时数为 260 小时；

54 寸坩埚工时数为 180 小时。

12 月 30 日盘点：

50 寸坩埚本月完工 4 400.00 个，月末在产 1 000.00 个；

52 寸坩埚本月完工 3 500.00 个，月末在产 800.00 个；

54 寸坩埚本月完工 2 200.00 个，月末在产 400.00 个。

原材料在生产开始时一次投入，在产品的约当量为50%。

114. 12月30日，以银行存款支付世纪广告公司生产车间设计制图费1 200.00元(含税价，税率3%)，取得增值税普通发票。

115. 12月30日，年末盘点实物，石英砂盘亏0.2057吨，单价19 342.50元，总价3 978.85元。

116. 查明原因，石英砂盘亏234.85元，是由于仓库保管员黄壮管理不善造成，应由保管员赔偿。增韧剂损失是由于库房漏雨所致，其中平安保险公司赔偿2 000.00元，其余2 420.40元，由企业自己负责，附董事会决议。

117. 12月30日，销售54寸坩埚1 500个，金额60 000.00元，税额7 800.00元；销售52寸坩埚3 000个，金额114 000.00元，税额14 820.00元，以上取得增值税专用发票，洛阳单晶公司款项未付。

118. 12月30日，张辉报从联邦公司购买灯具款174.00元(含税价，税率3%)，取得增值税普通发票。

119. 12月30日，从锦州市配件厂购买周转箱32个每个50元，以银行存款支付，取得增值税普通发票(含税价，税率3%)。

120. 12月30日，生产车间领用周转箱20个。(采用一次摊销法)

121. 12月30日，购入锦州市石英玻璃有限公司碎石英砂入库100公斤，每公斤15.00元(含税价，税率13%)，取得增值税普通发票以支票支付。

122. 12月30日，向锦州市德龙公司销售下脚料碎石英250.00公斤，每公斤10.00元，销售金额2 500.00元，税金325.00元。款已收到，成本总计为1 500.00元。

123. 12月30日，销售50寸坩埚4 400个，以每个35元的价格，销售金额154 000.00元，税金20 020.00元。洛阳单晶公司付银行承兑汇票一张。

124. 12月30日，销售54寸坩埚1 000个，每个40元，销售金额40 000.00元，税金5 200.00元。收到洛阳单晶给付的一张承兑汇票。

125. 12月30日，销售54寸坩埚500个，每个40元，销售金额20 000.00元，税金2 600.00元。收到北方公司给付的一张支票。

126. 12月30日，销售54寸坩埚200个，每个40元，销售金额8 000.00元，税金1 040.00元。收到利达公司支票一张。

127. 12月30日，销售54寸坩埚500个，每个40元，销售金额20 000.00元，税金2 600.00元。大矿公司未付款。(价格为不含税价)

128. 12月30日，销售54寸坩埚1 000个，每个40元，销售金额40 000.00元，税金5 200.00元。大可公司支付一张支票。(价格为不含税价)

129. 12月30日，销售52寸坩埚2 000个，每个38元。销售金额76 000.00元，税金9 880.00元。大矿公司未付款。

130. 12月30日，销售54寸坩埚1 000个，每个40元，销售金额40 000.00元，税金5 200.00元。大矿公司未付款。(价格为不含税价)

131. 12月31日分配制造费用。

132. 12月31日，结转完工产品成本。

133. 12月31日结转本月销售成本。

【能力目标】

1. 掌握收入概念及特点、收入的分类、收入的确认条件。

2. 了解产品成本核算的内容和要求；掌握成本核算的程序和基本方法。

【实训要求】

1. 根据发生的经济业务填制记账凭证，并登记有关的总账和明细账。

2. 能独立编制成本计算单。

3. 明确收入确认的条件，正确处理销售过程中发生的各项业务。

4. 明确各岗位的职责分工。

【重点难点】

重点是在产品完工程度的确定。产品产量及工时的统计方法。

难点是成本计算方法的选择和运用。

【知识链接】

收入确认条件。成本、费用的归集和分配原理。

【课后复习】

成本核算的目的是什么？

收入的确认原则是什么？

成本核算的主要方法是什么？

【实效考核】

学生能独立完成收入核算及简单成本计算。

六、税务会计岗位

【岗位设计】

2020 年 12 月份发生业务如下：

134. 12 月 7 日缴纳上期个人所得税 115.00 元。

135. 12 月 7 日缴纳上期增值税 64 264.86 元。

136. 12 月 7 日缴纳上期房产税 224.00 元。

137. 12 月 7 日缴纳车船使用税 300.00 元。

138. 12 月 7 日缴纳上期应交城建税 4 498.54 元。

139. 12 月 7 日缴纳上期应交教育费附加费 1 927.94 元。

140. 12 月 7 日缴纳上期应交地方教育费 642.65 元。

141. 12 月 7 日缴纳上期土地使用税 320.00 元。

142. 12 月 31 日计提本期房产税。

143. 12 月 31 日计提土地使用税。

144. 12 月 31 日计提本年车船使用税。

145. 12 月 31 日转出本期应交增值税。

146. 12 月 31 日计提本期应交城建税。

147. 12 月 31 日交印花税 150.00 元。

148. 12 月 31 日计提本期应交教育费附加费。

149. 12 月 31 日计提本期应交地方教育费附加费。

150. 12 月 30 日计提本期应交所得税。

151. 12 月 31 日将费用支出转入本年利润。

152. 12 月 31 日将收入转入本年利润。

153. 12 月 31 日将利润余额转入利润分配。

154. 12 月 31 日提取法定盈余公积金。

155. 12 月 31 日将计提的法定盈余公积转入利润分配。

【能力目标】

本实训完成后，要求学生对纳税知识掌握达到一定标准。

1. 明确税务会计的岗位职责，工作范围、任务。

2. 清楚税务会计与财务会计的区别和联系。

3. 熟练掌握建账建制的基本内容与操作规范。设置会计科目，进行涉税会计核算。

4. 掌握纳税申报程序、时间、报送资料。

5. 熟悉发票管理制度、年终企业所得税汇算清缴工作。

6. 掌握税务登记证办理及注销程序以及退税工作等事宜。

【实训要求】

本部分是实训课程的重中之重。因此要求做到：

1. 实训时要一环一环讲清各税交纳时间、程序、计算方法。

2. 分别进行应交增值税的"进项税额""销项税额""出口退税""进项税额转出""已交税金"等明细核算。

3. 计算企业应纳税的税种、税额、地点、期限，根据相关资料编制各种纳税申报表。

4. 填写各种税的交款书，老师组织学生去开发区税务局大厅交税，使学生感受会计环境。

5. 填写领购发票申请表，办理发票领购手续。

6. 完成好税务年审、年终企业所得税汇算清缴的准备工作。

7. 根据发生的经济业务，编制记账凭证。

8. 办理税务登记证、注销及退税工作等事宜。

9. 登记相关总账和明细账。

【重点难点】

重点是税务申报过程中的一些实际操作问题。

难点是一般纳税人应纳增值税的计算及账务处理。

【知识链接】

纳税的基础知识、建账建制会计核算。

【课后复习】

1. 应交税费如何核算？工业企业共交多少种税？

2. 税务登记证办理及注销需要准备的资料有哪些？怎么办理？

【实效考核】

学生能独立完成纳税申报，独立完成计算各税，独立设立会计科目。

七、决算会计岗位

【岗位设计】

依据模块 1~6 发生的经济业务进行编报填列资产负债表、利润表、现金流量表、所有者权益变动表。

【能力目标】

编制会计报表，是对会计核算工作的全面总结，也是及时提供合法、真实、准确、完整的会计信息的重要环节。通过本实训，要明确财务决算会计人员的岗位职责。会处理决算前的准备工作。掌握资产负债表、利润表、现金流量表的编制方法、编制程序。明确年度利润表中"所得税"项目的计算步骤。

【实训要求】

1. 明确财务决算、总账会计人员的岗位职责。

2. 全面审核所给原始资料和记账凭证编制的正确性，检查是否全部登记到有关账簿。

3. 结出所有账户本期发生额及期末余额。

4. 根据已编好的资产负债表和利润表，编制现金流量表。明确报表中各行次之间的勾稽关系，会编制会计调整分录。

5. 总结实践做法，传授现金流量表的填报方法。

【重点难点】

重点是资产负债表、利润表、现金流量表的结构与编制方法。

难点是现金流量表的结构与编制。

【知识链接】

资产负债表、利润表、现金流量表的概念与分类。

【课后复习】

1. 什么是资产负债表？其结构与理论依据如何？

2. 如何编制资产负债表？

3. 利润表结构如何？怎样编制？

4. 现金流量的含义是什么？如何分类？

5. 现金流量表及补充资料的编制方法是怎样的？

【实效考核】

学生要掌握资产负债表、利润表的编制方法。了解现金流量表及补充资料的编制方法。

八、电算化(用友软件)会计岗位

【岗位设计】

依据模块1~7的经济业务进行上机操作。

【能力目标】

1. 重点掌握用友财务软件安装。

2. 熟练掌握用友财务软件操作流程。

【实训要求】

根据模块1~7的经济业务资料，进行凭证管理、账簿处理、往来款管理、部门管理、项目核算和出纳管理等。

【重点难点】

重点是日常业务操作流程图。

难点是期末结账和账转表的操作。

【知识链接】

科目设置、账务处理原理。

【实训内容】

（一）数据库安装

在安装用友财务软件之前，需要数据库的支持。

（二）用友财务软件的安装

1. 安装前注意事项。

2. 软件安装步骤。

（三）用友财务软件的操作流程（U8产品）

1. 基本信息：企业门户——设置——基本信息——（1）系统启用——（2）编码方案——（3）数据精度；

2. 基础档案：本系统的主要内容就是设置基础档案、业务内容及会计科目。（U8.21系统初始化设置）

（四）操作流程图

1. 机构设置——①部门档案——②职员档案。

2. 往来单位——①客户分类——②客户档案 ——③供应商分类——④供应商档案。

3. 存货——（适用于供应链用户）。

4. 财务——①会计科目——②凭证类别——③外币设置 ——④项目目录。

5. 收付结算——①结算方式——②付款条件——③开户银行。

6. 业务、对照表、其他——（适用于供应链用户）。

日常业务操作流程图：企业门户——业务——财务会计——总账——填制凭证——审核凭证（制单人不能和审核人是同一人）——记账——月末处理（结账）。

注：对于自动转账凭证要对以前凭证审核、记账后才能生成。

（五）系统管理

1. 增加操作员。

2. 建新账套。

3. 分配权限。

4. 修改账套。

（六）日常业务处理操作演示

1. 建立账套。

2. 增加操作员：张兵，使其具有：凭证，总账处理权限。

3. 录入2020年12月1日的科目设置及期初余额。

4. 设置凭证类型：记账凭证类型。

5. 制作录入凭证，经济业务见各模块业务。

6. 审核凭证，记账，结账。

【课后复习】

1. 从安装开始全过程进行软件操作。

2. 练习实训模拟题。

【实效考核】

学生能独立完成达到80%。

九、财务数据分析会计岗位

【岗位设计】

依据模块 1~8 的经济业务进行上机操作。

【能力目标】

通过实训，使学生能够掌握财务大数据分析项目的基本流程、可视化工具分析和一般数据挖掘分析建模方法；通过大数据分析实践增强业务理解能力，学会利用数据分析和专业知识解决工业企业经营问题的分析方法；通过对实际案例的演练，掌握创新性提出管理建议与优化措施的方法，加深对专业知识的理解和应用，做更懂业务的财务管理者，增强财务管理的实务化、数字化能力，并为未来从事财务数据分析工作奠定基础。

【实训要求】

根据模块 1~8 的经济业务资料，进行数据采集、数据挖掘、数据清洗、数据分析等操作。

【重点难点】

重点是日常业务操作流程。

难点是 Python 数据采集代码。

【知识链接】

财务大数据分析的概念、基本特征、财务大数据的范围与来源、财务大数据项目分析的一般流程、财务数据收集与预处理方法、财务大数据分析可视化的基本原理。

【实训内容】

（一）大数据初体验

1. 进行实训动员，激发学习兴趣，了解课程目标及要求。

2. 了解大数据技术的起源、概念、在企业中的实际应用，以及对财务管理的影响。

3. 掌握分析云可视化工具操作。

（二）数据预处理实战

1. 掌握数据清洗工具操作。

2. 掌握数据集成工具操作。

（三）财报分析

1. 掌握企业四大能力分析单个指标的数据可视化。

2. 能够对能力指标进行同比、环比及横向对比分析。

3. 掌握指标异常数据挖掘、洞察的过程与方法。

【课后复习】

1. 从安装开始全过程进行软件操作。

2. 练习实训模拟题。

（1）通过实训过程回顾，加深对财务分析业务的理解。

（2）通过项目分析汇总报告撰写，掌握报告撰写内容、规范。

（3）通过实训成果展示收获与感想分享，使学生认识自己的优势与劣势。

【实效考核】

学生能独立完成达到 80%。

实训四　附原始单据

1. 现金支票

<table>
<tr>
<td colspan="2">
银行
现金支票存根（辽）
GS
02　04643025
附加信息 _____

_____
出票日期　年 月 日
收款人：
金　额：
用　途：
单位主管　　会计
</td>
<td>本支票付款期限十天</td>
<td>
银行　　现金支票（辽）　锦州
出票日期（大写）　年　月　日　付款行名称：
收款人：　　　　　　　　　　出票人账号：
人民币（大写）　　　　　　　亿千百十万千百十元角分
用途 _____
上列款项请从
我账户内支付
出票人签章　　　　　　　复核　　　记账
</td>
</tr>
</table>

2. 借款单

辽财会账证48号	★（07）	借 款 单 （记账）		
		年　月　日	顺序第　号	

借款单位	*	姓名	*	班级	*	出差地点	*
						天　数	*

事由	*	借款金额（大写）	* ¥ _____

单位负责人签署		借款人签章		注意事项	一、有＊者由借款人填写 二、凡借用公款必须使用本单 三、第三联为正式借据由借款人和单位负责人签章 四、出差返回后三日内结算
机关首长或授权人批示		审核意见			

3-1. 银行转账支票

| 银行
转账支票存根（辽）
GS
02 04643025
附加信息
_____
_____
出票日期　年　月　日
收款人：
金　额：
用　途：
单位主管　会计 | 本支票付款期限十天 | **银行　转账支票**（辽）锦州

出票日期（大写）　年　月　日　付款行名称：
收款人：　　　　　　　　　　出票人账号：

人民币
（大写）　　　　　　　　　　　亿千百十万千百十元角分

用途_____
上列款项请从
我账户内支付
出票人签章　　　　　　　复核　　记账 |

3-2. 专用收款收据

专 用 收 款 收 据

辽财会账证49号　　　　　　收款日期　　年　　月　　日

付款单位 （交款人）		收款单位 （领款人）		收款 项目	
人民币 （大写）					
收款事由			经办	部门 人员	
上述款项照数收讫无误。 收款单位财会专用章 （领款人签章）		会计主管	核稽	出纳	交款人

第三联　给付款单位做收据

使用
规定：　1.本收据只做非经性专用收款收据，不能代替发票使用。2.结算方式按现金、转账、
　　　　付委、信汇、电汇、托收承付、托收无承付等方式分别填列。3.本收据一式三联复写，
　　　　不得涂改，如写错不得撕掉，要保留备查。

3-3. 付款通知单

辽宁省财政厅监制
★
（07）　　**付 款 通 知 单**

申　请　付 款　部　门			付　款 申请人	
付款金额	大写：			
付款 方式	收款单位名称		开户行	
	收款单位地址		账　号	
付 款 内 容			申请部门 负责人	
			总经理 （厂长）	
			财务部门 负责人	
			出　纳	

申请付款日期　　　　　　　　　　　实际付款日期

（二）由财务部门作为原始凭证

4. 辽宁增值税普通发票

210077894　辽宁增值税普通发票　No: 01432563

开票日期：　　年　月　日

购买方	名　　　称：			密码区				
	纳税人识别号：							
	地址、电话：							
	开户行及账号：							

货物或应税劳务、服务名称	规格型号	单位	数量	单价	金额	税率	税额
合　　　计							

价税合计（大写）	（小写）

销售方	名　　　称：		备注
	纳税人识别号：		
	地址、电话：		
	开户行及账号：		

收款人：　　　　　复核：　　　　　开票人：　　　　　销货单位：（章）

第二联　发票联　购货方记账凭证

5-1. 付款通知单

辽宁省财政厅监制 ★（07）

付 款 通 知 单

申请付款部门		付款申请人	
付款金额	大写：		
付款方式	收款单位名称		开户行	
	收款单位地址		账　号	
付款内容		申请部门负责人	
		总经理（厂长）	
		财务部门负责人	
		出　纳	

申请付款日期　　　　　　　　　　实际付款日期

（二）由财务部门作为原始凭证

5-2. 银行电汇凭证

请将下述款项用以下方式汇出：
□普通汇款业务
□加急即时业务

银行电汇凭证（回 单）

委托日期　　　年　月　日

汇款人	全　　称		收款人	全　　称	
	账　　号			账　　号	
	汇出地点	省　　　　市/县		汇入地点	
汇出行名称					

金额	人民币（大写）				亿	千	百	十	万	千	百	十	元	角	分
			支付密码												
			附加信息及用途：												
	汇出行签章		复核：　　　记账：												

特别提示：普通汇款业务，次日到账。
　　　　　加急即时业务，保证2小时内到账，加收30%费用。

（2）此联汇出行给汇款人的回单

6. 业务收费单

银行

业务收费单

年　　月　　日

户　名		账　号	
业务种类：	□现金支票　□转账支票　□电汇　□汇票委托书　□银行承兑商业汇票		
	□贷款承诺　□查询查复　□保函　□企业验资　□其他		

业务种类	笔 数	工本费	邮电费	手续费	起止号码	金　额							
						十	万	千	百	十	元	角	分
合计金额（大写）													

客户预留印鉴		银行业务签章	
		复核员：　　　记账员：　　　验印：	

第五联：回 单

7. 业务收费单

银行

业 务 收 费 单

年　月　日

户 名					账 号				

业务种类：　□现金支票　　□转账支票　　□电汇　　□汇票委托书　　□银行承兑商业汇票
　　　　　　□贷款承诺　　□查询查复　　□保函　　□企业验资　　□其他

业务种类	笔 数	工本费	邮电费	手续费	起止号码	金　额							
						十	万	千	百	十	元	角	分
合计金额（大写）													

客户预留印鉴		银行业务签章	
		复核员：　　　记账员：　　　验印：	

第五联：回单

8. 银行电汇凭证

银行电汇凭证（回　单）

请将下述款项用以下方式汇出：
□普通汇款业务
□加急即时业务

委托日期　　　年　月　日

汇款人	全　称		收款人	全　称										
	账　号			账　号										
	汇出地点	省　　市/县		汇入地点										
汇出行名称														
金额	人民币（大写）				亿	千	百	十	万	千	百	十	元	角	分

	支付密码	
	附加信息及用途：	
汇出行签章	复核：　　　记账：	

特别提示：普通汇款业务，次日到账。
　　　　　加急即时业务，保证2小时内到账，加收30%费用。

（2）此联汇出行给汇款人的回单

9-1. 银行转票支票

| 银行
转账支票存根（辽）
GS/02 04643025
附加信息 _____
_____
_____

出票日期　　年　月　日
收款人：
金　额：
用　途：
单位主管　　会计 | 本支票付款期限十天 | **银行　转账支票**（辽）　锦州

出票日期（大写）　年　月　日　　付款行名称：
收款人：　　　　　　　　　　　出票人账号：

人民币（大写）　　　　　　　　　　　亿千百十万千百十元角分

用途 _____
上列款项请从
我账户内支付
出票人签章　　　　　　　　　　复核　　记账 |

9-2. 辽宁增值税普通发票

210077894　辽宁增值税普通发票　No: 01432563

开票日期：　年　月　日

购买方	名　　称： 纳税人识别号： 地址、电话： 开户行及账号：				密码区		
货物或应税劳务、服务名称	规格型号	单位	数量	单价	金额	税率	税额
合　　　计							
价税合计（大写）					（小写）		
销售方	名　　称： 纳税人识别号： 地址、电话： 开户行及账号：				备注		

收款人：　　　　　复核：　　　　　开票人：　　　　　销货单位：（章）

10-1. 付款通知单

付　款　通　知　单

申　请　付款　部　门			付　款申　请　人	
付款金额	大写：			
付款方式	收款单位名称		开户行	
	收款单位地址		账　号	
付款内容			申请部门负责人	
			总经理（厂长）	
			财务部门负责人	
			出　纳	

申请付款日期　　　　　　　　　　　　　　实际付款日期

10-2. 银行汇票

_____银行

地名

银 行 汇 票　（多余款　收账通知）

第　号

付款期限壹个月		

出票日期（大写）　年　月　日　　　代理付款行：　　　　行号：

收款人：			账号：	
出票金额　人民币（大写）				

实际结算金额　人民币（大写）	千	百	十	万	千	百	十	元	角	分

申请人：_____

出票行：_____　行号：_____

备　注：_____

出票行盖章　　　　　　年　月　日

多余金额								
千	百	十	万	千	百	十	元	角	分

账号或信址：_____

左列退回多余金额已收入你账户内

财务主管　　复核　　经办

10-3. 业务委托书

_____银行　　　　　　　　　　　　　　　　　**业务委托书**

委托日期　　　年　月　日

银行打印									

业务类型	☐电汇　☐信汇　☑汇票申请书　☐本票申请书 ☐其他		汇款方式	☐普通　☐加急

客户填写	委托人	全　称			收款人	全　称		
		账号或地址				账号或地址		
		开户行名称				开户行名称		
		开户银行	省　市			开户银行	省　市	

金额（大写）人民币 ┆┆┆┆┆┆┆┆┆┆　亿千百十万千百十元角分

支付密码 ┆┆┆┆┆┆　上列款项及相关费用请从我账户内支付。

加急汇款签字 ┆┆┆┆

用　途 ┆┆┆┆

第一联 记账联

事后监督：　　　会计主管：　　　复核：　　　记账：

11-1. 辽宁增值税专用发票

210077894　　**辽宁增值税专用发票**　　No: 01432563

此联不作报销税务抵扣凭证使用

开票日期：

购货单位	名　称： 纳税人识别号： 地址、电话： 开户行及账号：					密码区		

货物或应税劳务名称	规格型号	单位	数量	单价	金　额	税率	税　额
合　计							

价税合计（大写）		（小写）

销货单位	名　称： 纳税人识别号： 地址、电话： 开户行及账号：	备注	

收款人：　　　复核：　　　开票人：　　　销货单位：（章）

第一联 记账联 销货方式记账凭证

11-2. 银行现金缴款单

券种明细

券种	张数	金额
壹佰元		
伍拾元		
贰拾元		
拾元		
伍元		
贰元		
壹元		
伍角		
贰角		
壹角		
伍分		
贰分		
壹分		
合计		

银行现金缴款单

缴款日期：　　年　　月　　日

| 缴款单位 | 全　　称 | | 账号 | |
| | 开户银行 | | | |

| 款项来源 | | 百 十 万 千 百 十 元 角 分 |

人民币（大写）

| 现　金 | | 复核员 | 出纳收款员 |
| 收　讫 | | 复核员 | 记账员 |

第一联：回单

12. 辽宁省行政事业性收费统一收据

2020年度
辽宁省行政事业性收费统一收据

　　年　　月　　日　　　辽财政监字第011-1号

缴款单位或姓名		缴款方式								
收费项目	数　　量	收费标准	十	万	千	百	十	元	角	分
合　　计										
金额（大写）		拾　　万　　仟　　佰　　拾　　元　　角　　分								

收款单位（盖章）：　　　　　　　　　　　收款人：

第四联　报销凭证

13-1. 银行转账支票

| 银行
转账支票存根（辽）

GS/02 04643025

附加信息
_____
_____
_____

出票日期　年月日
收款人：
金　额：
用　途：
单位主管　会计 | 本支票付款期限十天 | **银行　　转账支票**（辽）　锦州

出票日期（大写）　　年　月　日　　付款行名称：
收款人：　　　　　　　　　　　　出票人账号：
人民币（大写）　　　　　　　　　亿千百十万千百十元角分

用途_____
上列款项请从
我账户内支付
出票人签章

复核　　记账 |

13-2. 月份工资结算单

月 份 工 资 结 算 单

车间 _____   第 _____ 号

编号	姓 名	基本工资	日工资	出勤日 日数	出勤日 金额			应领工资	扣 款	实领工资	盖 章
编号	姓 名	基本工资	日工资	日数	金额			应领工资	扣 款	实领工资	盖 章
编号	姓 名	基本工资	日工资	日数	金额			应领工资	扣 款	实领工资	盖 章
编号	姓 名	基本工资	日工资	日数	金额			应领工资	扣 款	实领工资	盖 章
编号	姓 名	基本工资	日工资	日数	金额			应领工资	扣 款	实领工资	盖 章
编号	姓 名	基本工资	日工资	日数	金额			应领工资	扣 款	实领工资	盖 章
编号	姓 名	基本工资	日工资	日数	金额			应领工资	扣 款	实领工资	盖 章
编号	姓 名	基本工资	日工资	日数	金额			应领工资	扣 款	实领工资	盖 章
编号	姓 名	基本工资	日工资	日数	金额			应领工资	扣 款	实领工资	盖 章
编号	姓 名	基本工资	日工资	日数	金额			应领工资	扣 款	实领工资	盖 章
编号	姓 名	基本工资	日工资	日数	金额			应领工资	扣 款	实领工资	盖 章
小 计											

负责人：   会计：   制表：

14. 辽宁增值税普通发票

210077894   *辽宁增值税普通发票*   No: 01432563

开票日期：　　　年　月　日

购买方	名　　　称： 纳税人识别号： 地 址、电 话： 开户行及账号：			密码区			
货物或应税劳务、服务名称	规格型号	单位	数量	单价	金额	税率	税额
合　　　　计							
价税合计（大写）				（小写）			
销售方	名　　　称： 纳税人识别号： 地 址、电 话： 开户行及账号：			备注			

收款人：   复核：   开票人：   销货单位：（章）

第二联　发票联　购货方记账凭证

15-1. 辽宁增值税普通发票

210077894 辽宁增值税普通发票 No: 01432563

开票日期：　　年　月　日

购买方	名　　　称： 纳税人识别号： 地　址、电　话： 开户行及账号：					密码区		
货物或应税劳务、服务名称	规格型号	单位	数量	单价	金额	税率	税额	
合　　　计								
价税合计（大写）					（小写）			
销售方	名　　　称： 纳税人识别号： 地　址、电　话： 开户行及账号：					备注		

收款人：　　　　复核：　　　　开票人：　　　　销货单位：（章）

第二联　发票联　购货方记账凭证

15-2. 银行转账支票

银行 转账支票存根（辽） GS 02 04643025 附加信息 _____ _____ 出票日期　　年　月　日 收款人： 金　额： 用　途： 单位主管　　会计	本支票付款期限十天	**银行　转账支票**（辽）锦州 出票日期（大写）　　年　　月　　日　付款行名称： 收款人：　　　　　　　　　　出票人账号： 人民币 （大写）　　　　　　　　　亿千百十万千百十元角分 用途_____ 上列款项请从 我账户内支付 出票人签章　　　　　　　复核　　记账

16-1. 出差旅费报销表

出 差 旅 费 报 销 表

辽财会账证56号　辽宁省财政厅监制（01）

单位：　　　　　　　　　　　　　　　　　　　　　　　　　年　月　日填

月	日	时间	出发地	月	日	时间	到达地	机票费	车(船)费	卧铺费	夜行车补助		市内交通费		宿　费			出差补助		其他	合计
											小时	金额	实支	包干	标准	实支	提成扣减	天数	金额		
合　计																					

出差任务		报销金额（大写）	人民币：　仟　佰　拾　圆　角　分	预借金额	
		单领位导	部负责门人	出差人	报销金额
					结余或超支

会计主管人员　　　　记账　　　　审核　　　　附单据　　张

16-2. 辽宁增值税普通发票

210077894　辽宁增值税普通发票　No: 01432563

开票日期：　年　月　日

购买方	名　称： 纳税人识别号： 地址、电话： 开户行及账号：		密码区	
货物或应税劳务、服务名称	规格型号	单位	数量	单价	金额	税率	税额

货物或应税劳务、服务名称	规格型号	单位	数量	单价	金额	税率	税额
合　计							
价税合计（大写）					（小写）		

销售方	名　称： 纳税人识别号： 地址、电话： 开户行及账号：	备注

收款人：　　　复核：　　　开票人：　　　销货单位：（章）

第二联　发票联　购货方记账凭证

16-3. 车票 5 张(3 张客车票, 2 张火车票)

17-1. 辽宁增值税普通发票

210077894　**辽宁增值税普通发票**　No: 01432563

开票日期：　年　月　日

购买方	名　　　称：			密码区		
	纳税人识别号：					
	地址、电话：					
	开户行及账号：					

货物或应税劳务、服务名称	规格型号	单位	数量	单价	金额	税率	税额
合　　　计							

价税合计（大写）		（小写）

销售方	名　　　称：		备注
	纳税人识别号：		
	地址、电话：		
	开户行及账号：		

收款人：　　　　复核：　　　　开票人：　　　　销货单位：（章）

第二联　发票联　购货方记账凭证

17-2. 银行转账支票

银行 转账支票存根（辽） $\frac{GS}{02}$ 04643025 附加信息 _____	本支票付款期限十天	**银行　转账支票**（辽）　锦州

出票日期（大写）　　年　月　日　　付款行名称：
收款人：　　　　　　　　　　　　　出票人账号：

人民币（大写）　　　　　　　　　　　亿千百十万千百十元角分

用途 _____
上列款项请从
我账户内支付
出票人签章

复核　　记账

出票日期　年　月　日
收款人：
金　额：
用　途：
单位主管　　会计

18-1. 辽宁增值税普通发票

210077894　辽宁增值税普通发票　No: 01432563

开票日期：　年　月　日

购买方	名　称： 纳税人识别号： 地址、电话： 开户行及账号：	密码区	

货物或应税劳务、服务名称	规格型号	单位	数量	单价	金额	税率	税额
合　　计							

价税合计（大写）　　　　　　　　　　　　（小写）

销售方	名　称： 纳税人识别号： 地址、电话： 开户行及账号：	备注

收款人：　　　　复核：　　　　开票人：　　　　销货单位：（章）

第二联　发票联　购货方记账凭证

18-2. 银行转账支票

银行 转账支票存根（辽） GS/02 04643025 附加信息 ———————— ———————— 出票日期　年　月　日 收款人： 金　额： 用　途： 单位主管　　会计	本支票付款期限十天	银行　　转账支票（辽）　锦州

出票日期（大写）　　年　月　日　　付款行名称：
收款人：　　　　　　　　　　　　　出票人账号：

人民币（大写）　　　　　　　　　　亿千百十万千百十元角分

用途 ————————
上列款项请从
我账户内支付
出票人签章

复核　　　记账

19-1. 辽宁增值税普通发票

210077894　**辽宁增值税普通发票**　No: 01432563

开票日期：　年　月　日

购买方	名　　称： 纳税人识别号： 地址、电话： 开户行及账号：	密码区	

货物或应税劳务、服务名称	规格型号	单位	数量	单价	金额	税率	税额
合　　　计							

价税合计（大写）		（小写）

销售方	名　　称： 纳税人识别号： 地址、电话： 开户行及账号：	备注

收款人：　　　　　复核：　　　　　开票人：　　　　　销货单位：（章）

第二联　发票联　购货方记账凭证

19-2. 银行转账支票

银行 转账支票存根（辽）	银行　转账支票（辽）　锦州
GS/02 04643025	出票日期（大写）　年　月　日　付款行名称：
附加信息 _____ _____ _____	收款人：　出票人账号：
	人民币（大写）　　　　　亿千百十万千百十元角分
本支票付款期限十天	用途
出票日期　年月日	上列款项请从
收款人：	我账户内支付
金　额：	出票人签章
用　途：	复核　　记账
单位主管　会计	

20. 专用收款收据

专 用 收 款 收 据

辽财会账证49号

收款日期　年　月　日

付款单位（交款人）		收款单位（领款人）		收款项目	
人民币（大写）					
收款事由			经办	部门	
				人员	
上述款项照数收讫无误。收款单位财会专用章（领款人签章）		会计主管	核稽	出纳	交款人

第三联　给付款单位做收据

使用规定：　1.本收据只做非经性专用收款收据，不能代替发票使用。2.结算方式按现金、转账、付委、信汇、电汇、托收承付、托收无承付等方式分别填列。3.本收据一式三联复写，不得涂改，如写错不得撕掉，要保留备查。

21. 辽宁省 2020 年罚没款收据

辽宁省2020年罚没款收据

辽财政监锦字第204号（2008）

姓　名		驾驶证号	
处罚决定编号		违法行为代码	
违法时间		交款时间	
罚款金额		加处罚款金额	
合计金额（大写）：			

经办人：　　　　　　　　银行盖章：　　　　　　　　执法单位：

注：本收据当年有效，过期作废，不准使用。

22-1. 专用收款收据

专 用 收 款 收 据

辽财会账证49号

收款日期　　年　月　日

付款单位 （交款人）		收款单位 （领款人）		收款 项目	
人民币 （大写）					
收款事由			经办	部门	
				人员	

上述款项照数收讫无误。 收款单位财会专用章 （领款人签章）	会计主管	核　稽	出　纳	交款人

第三联　给付款单位做收据

使用规定：　1.本收据只做非经性专用收款收据，不能代替发票使用。2.结算方式按现金、转账、付委、信汇、电汇、托收承付、托收无承付等方式分别填列。3.本收据一式三联复写，不得涂改，如写错不得撕掉，要保留备查。

22-2. 银行现金缴款单

银 行 现 金 缴 款 单

券 种 明 细

券种	张数	金额
壹佰元		
伍拾元		
贰拾元		
拾元		
伍元		
贰元		
壹元		
伍角		
贰角		
壹角		
伍分		
贰分		
壹分		
合计		

缴款日期：　　年　月　日

缴款单位	全　称		账号	
	开户银行			

	款项来源		百 十 万 千 百 十 元 角 分
	人民币 （大写）		

现金收讫	复核员	出纳收款员
	复核员	记账员

第一联：回单

23. 车票 5 张(客车票)

24. 借款单

辽财会账证48号		借　款　单 (记账)				
		年　　月　　日			顺序第　　号	
借款单位	*	姓名	*	班级	*	出差地点	*
						天　数	*
事由	*		借款金额（大写）	*		￥_____
单位负责人签署		借款人签章		注意事项	一、有 * 者由借款人填写 二、凡借用公款必须使用本单 三、第三联为正式借据由借款人和单位负责人签章 四、出差返回后三日内结算	
机关首长或授权人批示		审核意见				

25. 业务收费单

银行

业务收费单

年　月　日

户　名		账　号			

业务种类：　□现金支票　　□转账支票　　□电汇　　□汇票委托书　　□银行承兑商业汇票
　　　　　　□贷款承诺　　□查询查复　　□保函　　□企业验资　　□其他

业务种类	笔　数	工本费	邮电费	手续费	起止号码	金　额 十万千百十元角分

合计金额（大写）

客户预留印鉴	银行业务签章
	复核员：　　记账员：　　验印：

第五联：回单

26. 辽宁增值税普通发票

210077894　　*辽宁增值税普通发票*　　No: 01432563

开票日期：　年　月　日

购买方	名　　称： 纳税人识别号： 地址、电话： 开户行及账号：			密码区		

货物或应税劳务、服务名称	规格型号	单位	数量	单价	金额	税率	税额
合　　　　计							

价税合计（大写）	（小写）

销售方	名　　称： 纳税人识别号： 地址、电话： 开户行及账号：	备注

收款人：　　　　复核：　　　　开票人：　　　　销货单位：（章）

第二联　发票联　购货方记账凭证

27. 辽宁增值税普通发票

210077894　**辽宁增值税普通发票**　No: 01432563

开票日期：　年　月　日

购买方	名　　称：					密码区			第二联 发票联 购货方记账凭证
	纳税人识别号：								
	地址、电话：								
	开户行及账号：								

货物或应税劳务、服务名称	规格型号	单位	数量	单价	金额	税率	税额
合　　计							

价税合计（大写）		（小写）

销售方	名　　称：		备注
	纳税人识别号：		
	地址、电话：		
	开户行及账号：		

收款人：　　　　　复核：　　　　　开票人：　　　　　销货单位：（章）

28-1. 出差旅费报销表

辽财会账证56号　（辽宁省财政厅监制 ★ (01)）　**出差旅费报销表**

单位：　　　　　　　　　　　　　　　　　　　　　　　　年　月　日填

月	日	时间	出发地	月	日	时间	到达地	机票费	车(船)费	卧铺费	夜行车补助		市内交通费		宿　费			出差补助		其他	合计
											小时	金额	实支	包干	标准	实支	提成扣减	天数	金额		
合　计																					

出差任务		报销金额（大写）	人民币：	仟	佰	拾	圆	角	分	预借金额	
		单领位导	部负责门人		出差人					报销金额	
										结余或超支	

会计主管人员　　　　记账　　　　　　审核　　　　　　附单据　　　张

28-2. 辽宁增值税普通发票

210077894　　**辽宁增值税普通发票**　　No: 01432563

开票日期：　年 月 日

购买方	名　　　　称： 纳税人识别号： 地址、电话： 开户行及账号：				密码区		

货物或应税劳务、服务名称	规格型号	单位	数量	单价	金额	税率	税额
合　　　计							

价税合计（大写）		（小写）

销售方	名　　　　称： 纳税人识别号： 地址、电话： 开户行及账号：				备注		

收款人：　　　　　复核：　　　　　开票人：　　　　　销货单位：（章）

第二联　发票联　购货方记账凭证

28-3. 车票 4 张（2 张客车票，2 张火车票）

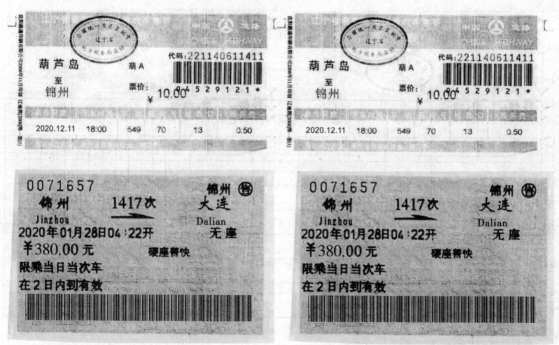

29-1. 辽宁增值税普通发票

210077894 辽宁增值税普通发票 No: 01432563

开票日期： 年 月 日

<table>
<tr><td rowspan="4">购买方</td><td>名　　称：</td><td rowspan="4">密码区</td></tr>
<tr><td>纳税人识别号：</td></tr>
<tr><td>地址、电话：</td></tr>
<tr><td>开户行及账号：</td></tr>
</table>

货物或应税劳务、服务名称	规格型号	单位	数量	单价	金额	税率	税额
合　　计							
价税合计（大写）				（小写）			

<table>
<tr><td rowspan="4">销售方</td><td>名　　称：</td><td rowspan="4">备注</td></tr>
<tr><td>纳税人识别号：</td></tr>
<tr><td>地址、电话：</td></tr>
<tr><td>开户行及账号：</td></tr>
</table>

收款人： 复核： 开票人： 销货单位：（章）

第二联 发票联 购货方记账凭证

29-2. 入库单

辽财会账证46号

辽宁省财政厅监制（07-1）

入 库 单

收到 _____ 年 月 日 类别____ 编号____ 第 号

品　　名	规格	单位	数量	实际单价	计划单价	金　　额	差　异
负责人	仓库负责人	经手人入库	记账			合　计	

9510720 0108

30. 银行现金支票

银行 现金支票存根（辽） GS/02 04643025 附加信息 _____ _____ 出票日期　　年　月　日 收款人： 金　额： 用　途： 单位主管　　会计	本支票付款期限十天	银行　　现金支票（辽）　锦州 出票日期（大写）　　年　月　日　　付款行名称： 收款人：　　　　　　　　　　　　出票人账号：

人民币（大写）　　　　　　　　　　亿千百十万千百十元角分

用途_____
上列款项请从
我账户内支付
出票人签章　　　　　　　　　复核　　记账

31-1. 托收凭证

托 收 凭 证 （受理回单） 1

委托日期　　年　月　日

业务类型	委托收款（□邮划、□电划）	托收承付（□邮划、□电划）	
付款人	全　称	收款人	全　称
	账　号		账　号
	地　址　省　市县　开户行		地　址　省　市县　开户行
金额	人民币（大写）	亿千百十万千百十元角分	此联作收款人开户银行给收款人的受理回单
款项内容		托收凭据名称	附寄单证张数
商品发运情况		合同名称号码	
备注：		款项收妥日期	
复核　　记账		年　月　日	收款人开户银行签章 年　月　日

31-2. 银行承兑汇票

银行承兑汇票 2

出票日期（大写）	年 月 日

出票人全称		收款人	全称	
出票人账号			账号	
付款行全称			开户银行	

出票金额	人民币（大写）	亿 千 百 十 万 千 百 十 元 角 分

汇票到期日（大写）		付款行	行号	
承兑协议编号			地址	

本汇票请你行承兑，到期无条件付款。	本汇票已经承兑，到期日由本行付款。 承兑行签章 承兑日期 年 月 日	
出票人签章	备注：	复核 记账

32. 贴现凭证

贴 现 凭 证 （收账通知）

申请日期	年 月 日	第 号

贴现汇票	种类	号码	持票人	名 称	
	出票日	年 月 日		账 号	
	到票日	年 月 日		开户银行	

汇票承兑人	名称	帐号	开户银行

汇票金额	人民币（大写）	千 百 十 万 千 百 十 元 角 分

贴现率	贴现利息	千 百 十 万 千 百 十 元 角 分	实付贴现金额	千 百 十 万 千 百 十 元 角 分

贴现款项已入你单位账户。 银行盖章 年 月 日	备注

33-1. 托收凭证

托收凭证 （受理回单）　1

委托日期　　年　月　日

业务类型	委托收款（□邮划、□电划）		托收承付（□邮划、□电划）		
付款人	全　称		收款人	全　称	
	账　号			账　号	
	地　址	省 市县 开户行		地　址	省 市县 开户行
金额	人民币（大写）			亿千百十万千百十元角分	
款项内容		托收凭据名　称		附寄单证张数	
商品发运情况			合同名称号码		
备注：		款项收妥日期			
复核　　记账		年　月　日		收款人开户银行签章　　年　月　日	

此联做收款人开户银行给收款人的受理回单

33-2. 银行承兑汇票

银行承兑汇票　2

出票日期（大写）　　年　月　日

出票人全称		收款人	全称	
出票人账号			账号	
付款行全称			开户银行	
出票金额	人民币（大写）		亿千百十万千百十元角分	
汇票到期日（大写）		付款行	行号	
承兑协议编号			地址	
本汇票请你行承兑，到期无条件付款。		本汇票已经承兑，到期日由本行付款。		
		承兑日期　承兑行签章　年 月 日		
出票人签章	备注：		复核　　记账	

此联收款人开户行随托收凭证寄付款行做借方凭证附件

34-1. 银行进账单

银行 进账单（收账通知）

3

年　月　日

出票人	全　称		收款人	全　称												
	账　号			账　号												
	开户银行			开户银行												
金额	人民币 （大写）				亿	千	百	十	万	千	百	十	元	角	分	
票据种类		票据张数														
票据号码																
	复核　　　　记账			收款人开户银行签章												

此联是收款人开户银行交给收款人的收账通知

34-2. 银行承兑汇票

银行承兑汇票

2

出票日期（大写）　　年　月　日

出票人全称		收款人	全称											
出票人账号			账号											
付款行全称			开户银行											
出票金额	人民币 （大写）			亿	千	百	十	万	千	百	十	元	角	分
汇票到期日（大写）		付款行	行号											
承兑协议编号			地址											
本汇票请你行承兑，到期无条件付款。 出票人签章	本汇票已经承兑，到期日由本行付款。 　　　　　　承兑行签章 承兑日期　　年 月 日 备注：	复核　　　　记账												

此联收款人开户行随托收凭证寄付款行做借方凭证附件

35-1. 辽宁增值税专用发票

辽宁增值税专用发票

210077894

发　票　联

No: 01432563

开票日期：　年　月　日

第二联　发票联　购货方记账凭证

购买方	名　　称： 纳税人识别号： 地址、电话： 开户行及账号：				密码区			
货物或应税劳务、服务名称	规格型号	单位	数量	单价	金额	税率	税额
合　　计							
价税合计（大写）				（小写）			
销售方	名　　称： 纳税人识别号： 地址、电话： 开户行及账号：				备注			

收款人：　　　　　复核：　　　　　开票人：　　　　　销货单位：（章）

35-2. 银行转账支票

银行 转账支票存根（辽） GS/02 04643025 附加信息 出票日期　年　月　日 收款人： 金　额： 用　途： 单位主管　　会计	本支票付款期限十天	**银行　转账支票**（辽）　锦州 出票日期（大写）　　年　月　日　付款行名称： 收款人：　　　　　　　　　　　出票人账号： 人民币 （大写）　　　　　　　　　　亿千百十万千百十元角分 用途 上列款项请从 我账户内支付 出票人签章　　　　　　　复核　　记账

36-1. 辽宁增值税专用发票

辽宁增值税专用发票

210077894　　发　票　联　　　No: 01432563

开票日期：　　年　月　日

购买方	名　　　称：				密码区	
	纳税人识别号：					
	地址、电话：					
	开户行及账号：					

货物或应税劳务、服务名称	规格型号	单位	数量	单价	金额	税率	税额
合　　　计							

价税合计（大写）		（小写）

销售方	名　　　称：		备注
	纳税人识别号：		
	地址、电话：		
	开户行及账号：		

收款人：　　　　　复核：　　　　　开票人：　　　　　销货单位：（章）

第二联　发票联　购货方记账凭证

36-2. 银行电汇凭证

银行电汇凭证（回　单）

请将下述款项用以下方式汇出：
□普通汇款业务
□加急即时业务

委托日期　　　年　月　日

汇款人	全　称		收款人	全　　称	
	账　号			账　　号	
	汇出地点	省　　　市/县		汇入地点	
汇出行名称					

金额	人民币（大写）		亿 千 百 十 万 千 百 十 元 角 分

	支付密码	
	附加信息及用途：	
汇出行签章	复核：　　　　记账：	

特别提示：普通汇款业务，次日到账。
　　　　　加急即时业务，保证2小时内到账，加收30%费用。

（2）此联汇出行给汇款人的回单

37. 库存现金盘点报告表(自制)

库存现金盘点报告表

年 月 日

单位名称:				
实存金额	账存金额	盈亏情况		备注
		盘盈数	盘亏数	
处理意见:				

38. 专用收款收据

专 用 收 款 收 据

财政票据监制章 ★ 专用收款收据

辽财会账证49号

收款日期　　年　　月　　日

付款单位 (交款人)		收款单位 (领款人)		收款 项目	
人民币 (大写)					
收款事由			经办	部门	
				人员	
上述款项照数收讫无误。 收款单位财会专用章 (领款人签章)		会计主管	核 稽	出 纳	交款人

第三联 给付款单位做收据

使用
规定：1.本收据只做非经性专用收款收据,不能代替发票使用。2.结算方式按现金、转账、付委、信汇、电汇、托收承付、托收无承付等方式分别填列。3.本收据一式三联复写,不得涂改,如写错不得撕掉,要保留备查。

39. 辽宁增值税普通发票

210077894 **辽宁增值税普通发票** No: 01432563

开票日期： 年 月 日

购买方	名　　　称：					密码区		
	纳税人识别号：							
	地址、电话：							
	开户行及账号：							
货物或应税劳务、服务名称	规格型号	单位	数量	单价	金额	税率	税额
合　　　计							
价税合计（大写）				（小写）			
销售方	名　　　称：					备注		
	纳税人识别号：							
	地址、电话：							
	开户行及账号：							

收款人： 复核： 开票人： 销货单位：（章）

第二联　发票联　购货方记账凭证

40-1. 银行进账单

银行 进账单 (收账通知)

3

年 月 日

出票人	全　　称		收款人	全　　称	
	账　　号			账　　号	
	开户银行			开户银行	

金额	人民币（大写）		亿	千	百	十	万	千	百	十	元	角	分

票据种类		票据张数	
票据号码			

复核 记账 收款人开户银行签章

此联是收款人开户银行交给收款人的收账通知

40-2. 银行借款凭证

＿＿＿＿＿＿银行借款凭证

账别：　　　　　　　　　　提款日期：　　　年　　月　　日

借款人			贷款科目		借款种类		
用　途			到期日期		借款合同编号		
基准利率		浮动比率		逾期借款罚息比率		未按合同绝定用途使用借款罚息比率	
借款金额	人民币（大写）						
贷款主档代码				贷款分户账号			
客户代码		存款帐号			资金属性码		
上列贷款已转入你单位存款户，请你单位按借款合同约定的用途使用并按期限归还。 银行会计部门签章							

第二联　债务凭证　收账通知

复核：　　　　　　　记账：

41. 利息收取凭证

利息收取凭证

币种：　　　　　　　　日期：　　　　　　　序号：

付款方	户　名		收款方	户　名	
	账　号			账　号	
	开户行			开户行	
利息金额					

事后监督：　　　　　　复核：　　　　　　记帐：

42. 银行现金缴款单

银行现金缴款单

券种明细

券种	张数	金额
壹佰元		
伍拾元		
贰拾元		
拾元		
伍元		
贰元		
壹元		
伍角		
贰角		
壹角		
伍分		
贰分		
壹分		
合计		

缴款日期：　　　年　　月　　日

缴款单位	全　称		账号											
	开户银行													
款项来源					百	十	万	千	百	十	元	角	分
人民币（大写）													
现金收讫		复核员	出纳收款员										
		复核员	记　账　员										

第一联：回单

43-1. 业务委托书

| _____银行 | | 业务委托书 |

委托日期　　　年　　月　　日

银行打印								
客户填写	业务类型	□电汇　□信汇　□汇票申请书　□本票申请书　□其他		汇款方式	□普通　□加急		
	委托人	全　　称		收款人	全　　称		
		账号或地址			账号或地址		
		开户行名称			开户行名称		
		开户银行	省　　市		开户银行	省　　市	
	金额（大写）人民币			亿千百十万千百十元角分			
	支付密码		上列款项及相关费用请从我账户内支付。				
	加急汇款签字						
	用　　途						

第一联记账联

事后监督：　　　会计主管：　　　复核：　　　记账：

43-2. 银行转账支票

| 银行
转账支票存根（辽）
GS/02 04643025

附加信息
_____
_____

出票日期　年　月　日
收款人：
金　额：
用　途：
单位主管　会计 | 本支票付款期限十天 | **银行　转账支票**（辽）锦州

出票日期（大写）　　年　　月　　日　付款行名称：
收款人：　　　　　　　　　　　　　出票人账号：

人民币
（大写）　　　　　　　　　　　　亿千百十万千百十元角分

用途_____
上列款项请从
我账户内支付
出票人签章　　　　　　复核　　　记账 |

44-1. 辽宁增值税普通发票

210077894 辽宁增值税普通发票 No: 01432563

开票日期：　年　月　日

<table>
<tr><td rowspan="2">购买方</td><td>名　　称：</td><td colspan="6"></td><td rowspan="2">密码区</td><td rowspan="2"></td></tr>
<tr><td>纳税人识别号：
地　址、电　话：
开户行及账号：</td><td colspan="6"></td></tr>
<tr><td colspan="2">货物或应税劳务、服务名称</td><td>规格型号</td><td>单位</td><td>数量</td><td>单价</td><td>金额</td><td>税率</td><td colspan="2">税额</td></tr>
<tr><td colspan="2"></td><td></td><td></td><td></td><td></td><td></td><td></td><td colspan="2"></td></tr>
<tr><td colspan="2">合　　　计</td><td></td><td></td><td></td><td></td><td></td><td></td><td colspan="2"></td></tr>
<tr><td colspan="2">价税合计（大写）</td><td colspan="4"></td><td colspan="4">（小写）</td></tr>
<tr><td rowspan="2">销售方</td><td>名　　称：</td><td colspan="6"></td><td rowspan="2">备注</td><td rowspan="2"></td></tr>
<tr><td>纳税人识别号：
地　址、电　话：
开户行及账号：</td><td colspan="6"></td></tr>
</table>

收款人：　　　　复核：　　　　开票人：　　　　销货单位：（章）

第二联 发票联 购货方记账凭证

44-2. 信用卡回执（自制）

中国工商银行

单位信用卡业务回单

户名：锦州大华有限公司

账号：052137809142

证件类型：公司法人

证件号码：115379280673822

交易名称：餐饮业务

前台流水号：
2020123014280374

交易日期：2020年12月30日

交易时间：14:28

45. 银行转账支票

银行 转账支票存根（辽）	本支票付款期限十天

银行
转账支票存根（辽）

GS/02 04643025

附加信息 _____

_____

出票日期　年 月 日
收款人：
金　额：
用　途：
单位主管　　会计

银行　　转账支票（辽）　锦州

出票日期（大写）　　年　月　日　　付款行名称：
收款人：　　　　　　　　　　　　　出票人账号：

人民币
（大写）　　　　　　　　　　　　　　亿千百十万千百十元角分

用途 _____
上列款项请从
我账户内支付
出票人签章

复核　　　记账

46-1. 辽宁增值税专用发票

210077894　　**辽宁增值税专用发票**　　No: 01432563

发　票　联

开票日期：

购货单位	名　　称： 纳税人识别号： 地址、电话： 开户行及账号：					密码区			
货物或应税劳务名称		规格型号	单位	数量	单价	金　额	税率	税　额	
合　　计									
价税合计（大写）						（小写）			
销货单位	名　　称： 纳税人识别号： 地址、电话： 开户行及账号：					备注			

收款人：　　　复核：　　　开票人：　　　销货单位：（章）

第三联　发票联　购货方记账凭证

46-2. 新建（购置）固定资产验收交接记录

新建（购置）固定资产验收交接记录

单位名称：　　　　　　　　　　　　　　　　　　　　　　　　　　第　　号

移交单位				接收单位					
名　称			计量单位		固定资产组成				
固定资产编号		建造单位		数量	名称	型号规格	建造工厂 建造编号	数量	原价	单价
规格型号		建造	年月 编号	合同号						
技术特征										
原　价		其中：	工程费 设备费 其他							
保管使用单位		预计使用 年　限	预计清理 净残值							
验收意见										
验收 人员 签章				附属技术资料						
验收日期：　　　　　　年　月　日				款源：						

移交单位：　　　　　　　　　　　　（公章）接收单位：　　　　　　　　　　　　　　　　（公章）
移交单位主管：　　　　　　　　　　（签章）接收单位主管：　　　　　　　　　　　　　　（签章）
移交单位技术主管：　　　　　　　　（签章）接收单位技术主管：　　　　　　　　　　　　（签章）
移交单位财务主管：　　　　　　　　（签章）接收单位财务主管：　　　　　　　　　　　　（签章）
具体经办（采购）人：　　　　　　　（签章）接收单位经办人：　　　　　　　　　　　　　（签章）
　　　　　　　　　　年　月　日　　　　　　　　　　　　　　　　　　年　月　日

47. 新建(购置)固定资产验收交接记录

新建（购置）固定资产验收交接记录

单位名称：　　　　　　　　　　　　　　　　　　　　　　　　第　　号

移交单位				接收单位					
名　　称			计量单位		固定资产组成				
固定资产编号		建造单位	数量	名称	型号规格	建造工厂 建造编号	数量	原价	单价
规格型号		建造 年月 编号	合同号						
技术特征									
原　　价		其中：	工程费　设备费　其他						
保管使用单位		预计使用 年　限	预计清理 净 残 值						
验 收 意 见									
验 收 人 员 签 章				附属技术资料					
验收日期：　　　　　　　　年　月　日				款源：					

移交单位：　　　　　　　　　　　　（公章）接收单位：　　　　　　　　　　　　　（公章）
移交单位主管：　　　　　　　　　　（签章）接收单位主管：　　　　　　　　　　　（签章）
移交单位技术主管：　　　　　　　　（签章）接收单位技术主管：　　　　　　　　　（签章）
移交单位财务主管：　　　　　　　　（签章）接收单位财务主管：　　　　　　　　　（签章）
具体经办（采购）人：　　　　　　　（签章）接收单位经办人：　　　　　　　　　　（签章）
　　　　　　　年　月　日　　　　　　　　　　　　　　　　年　月　日

48. 新建(购置)固定资产验收交接记录

新建（购置）固定资产验收交接记录

单位名称：　　　　　　　　　　　　　　　　　　　　　　　　　　第　　号

移交单位				接收单位						
名　　称			计量单位		固定资产组成					
固定资产编号	建造单位		数量		名称	型号规格	建造工厂 建造编号	数量	原价	单价
规格型号	建造	年月 编号	合同号							
技术特征										
原　　价	其中：	工程费	设备费	其他						
保管使用单位	预计使用 年　限		预计清理 净残值							
验 收 意 见										
验收 人员 签章				附属技术资料						
验收日期：　　　　　　　　　年　　月　　日				款源：						

移交单位：　　　　　　　　　　　　（公章）接收单位：　　　　　　　　　　　　　　　　　　（公章）
移交单位主管：　　　　　　　　　　（签章）接收单位主管：　　　　　　　　　　　　　　　　（签章）
移交单位技术主管：　　　　　　　　（签章）接收单位技术主管：　　　　　　　　　　　　　　（签章）
移交单位财务主管：　　　　　　　　（签章）接收单位财务主管：　　　　　　　　　　　　　　（签章）
具体经办（采购）人：　　　　　　　（签章）接收单位经办人：　　　　　　　　　　　　　　　（签章）
　　　　　　　　　　年　　月　　日　　　　　　　　　　　　　　　　　　　年　　月　　日

49. 新建（购置）固定资产验收交接记录

新建（购置）固定资产验收交接记录

单位名称：　　　　　　　　　　　　　　　　　　　　　　　　　　第　号

移交单位				接收单位						
名　称			计量单位	固定资产组成						
固定资产编号	建造单位		数量	名称	型号规格	建造工厂 建造编号	数量	原价	单价	
规格型号	建造	年月	合同号							
		编号								
技术特征										
原　价	其中：	工程费	设备费	其他						
保管使用单位	预计使用 年　限		预计清理 净残值							
验 收 意 见										
验收 人员 签章			附属技术资料							
验收日期：		年　月　日	款源：							

移交单位：　　　　　　　　　　　（公章）接收单位：　　　　　　　　　　　（公章）
移交单位主管：　　　　　　　　　（签章）接收单位主管：　　　　　　　　　（签章）
移交单位技术主管：　　　　　　　（签章）接收单位技术主管：　　　　　　　（签章）
移交单位财务主管：　　　　　　　（签章）接收单位财务主管：　　　　　　　（签章）
具体经办（采购）人：　　　　　　（签章）接收单位经办人：　　　　　　　　（签章）
　　　　　　　　　　年　月　日　　　　　　　　　　　年　月　日

50-1. 新建(购置)固定资产验收交接记录

新建（购置）固定资产验收交接记录

单位名称：　　　　　　　　　　　　　　　　　　　　　　　　　第　　号

移交单位				接收单位						
名　　称			计量单位		固定资产组成					
固定资产编号		建造单位	数量		名称	型号规格	建造工厂 建造编号	数量	原价	单价
规格型号		建造	年月 编号	合同号						
技术特征										
原　　价		其中：	工程费	设备费	其他					
保管使用单位		预计使用 年　限		预计清理 净残值						
验 收 意 见										
验 收 人员 签章					附属技术资料					
验收日期：　　　年　月　日					款源：					

移交单位：　　　　　　　　　　（公章）接收单位：　　　　　　　　　　　（公章）
移交单位主管：　　　　　　　　（签章）接收单位主管：　　　　　　　　　（签章）
移交单位技术主管：　　　　　　（签章）接收单位技术主管：　　　　　　　（签章）
移交单位财务主管：　　　　　　（签章）接收单位财务主管：　　　　　　　（签章）
具体经办（采购）人：　　　　　（签章）接收单位经办人：　　　　　　　　（签章）
　　　　　　　年　月　日　　　　　　　　　　　　　　年　月　日

50-2. 辽宁增值税专用发票

210077894

辽宁增值税专用发票

发 票 联

No: 01432563

开票日期：

购货单位	名　　称： 纳税人识别号： 地址、电话： 开户行及账号：						密码区		
货物或应税劳务名称		规格型号	单位	数量	单价	金　额	税率	税　额
合　　计								
价税合计（大写）					（小写）			
销货单位	名　　称： 纳税人识别号： 地址、电话： 开户行及账号：						备注		

收款人：　　　　　复核：　　　　　开票人：　　　　　销货单位：（章）

第三联　发票联　购货方记账凭证

50-3. 银行转账支票

| 银行
转账支票存根（辽）
<u>GS
02</u> **04643025**
附加信息
＿＿＿＿＿＿＿＿
＿＿＿＿＿＿＿＿
出票日期　年　月　日
收款人：
金　额：
用　途：
单位主管　会计 | 本支票付款期限十天 | **银行　　转账支票**（辽）　锦州
出票日期（大写）　年　月　日　付款行名称：
收款人：　　　　　　　　　　出票人账号：
人民币
（大写）　　　　　　　　　亿千百十万千百十元角分
用途＿＿＿＿＿＿＿＿
上列款项请从
我账户内支付
出票人签章　　　　　　　复核　　　记账 |

50-4. 辽宁增值税专用发票

210077894　**辽宁增值税专用发票**　No: 01432563

开票日期：　年　月　日

购买方	名　　　称： 纳税人识别号： 地址、电话： 开户行及账号：				密码区			
货物或应税劳务、服务名称	规格型号	单位	数量	单价	金额	税率	税额
合　　计							
价税合计（大写）				（小写）			
销售方	名　　　称： 纳税人识别号： 地址、电话： 开户行及账号：				备注			

收款人：　　　　复核：　　　　开票人：　　　　销货单位：（章）

第二联　发票联　购货方记账凭证

51-1. 辽宁增值税专用发票

210077894　　辽宁增值税专用发票　No: 01432563

发票联

开票日期：

购货单位	名　　　称： 纳税人识别号： 地址、电话： 开户行及账号：				密码区			
货物或应税劳务名称	规格型号	单位	数量	单价	金　额	税率	税　额
合　　计							
价税合计（大写）				（小写）			
销货单位	名　　　称： 纳税人识别号： 地址、电话： 开户行及账号：				备注			

收款人：　　　　复核：　　　　开票人：　　　　销货单位：（章）

第三联　发票联　购货方记账凭证

51-2. 新建（购置）固定资产验收交接记录

新建（购置）固定资产验收交接记录

单位名称：　　　　　　　　　　　　　　　　　　　　　　　第　　号

移交单位				接收单位						
名　　称			计量单位		固定资产组成					
固定资产编号		建造单位		数量		名称	型号规格	建造工厂 建造编号	数量	原价	单价
规格型号		建造	年月 编号		合同号						
技术特征										
原　　价		其中：	工程费	设备费	其他						
保管使用单位		预计使用 年　限		预计清理 净 残 值							
验 收 意 见											
验收 人员 签章					附属技术资料						
验收日期：　　　　　　　　年　　月　　日					款源：						

移交单位：　　　　　　　　　　　　（公章）接收单位：　　　　　　　　　　　　　　　　（公章）
移交单位主管：　　　　　　　　　　（签章）接收单位主管：　　　　　　　　　　　　　　（签章）
移交单位技术主管：　　　　　　　　（签章）接收单位技术主管：　　　　　　　　　　　　（签章）
移交单位财务主管：　　　　　　　　（签章）接收单位财务主管：　　　　　　　　　　　　（签章）
具体经办（采购）人：　　　　　　　（签章）接收单位经办人：　　　　　　　　　　　　　（签章）
　　　　　　年　　月　　日　　　　　　　　　　　　　　年　　月　　日

52-1. 辽宁增值税专用发票

210077894 **辽宁增值税专用发票** No: 01432563

发 票 联

开票日期： 年 月 日

购买方	名　称： 纳税人识别号： 地址、电话： 开户行及账号：					密码区		
货物或应税劳务、服务名称	规格型号	单位	数量	单价	金额	税率	税额
合　　计							
价税合计（大写）			（小写）				
销售方	名　称： 纳税人识别号： 地址、电话： 开户行及账号：					备注		

收款人： 复核： 开票人： 销货单位：（章）

第二联 发票联 购货方记账凭证

52-2. 新建（购置）固定资产验收交接记录

新建（购置）固定资产验收交接记录

单位名称：　　　　　　　　　　　　　　　　　　　　　　　　　第　　号

移交单位			接收单位						
名　　称		计量单位		固定资产组成					
固定资产编号	建造单位	数量	名称	型号规格	建造工厂 建造编号	数量	原价	单价	
规格型号	建造 年月 编号	合同号							
技术特征									
原　　价	其中：	工程费 设备费 其他							
保管使用单位	预计使用 年　限	预计清理 净残值							
验 收 意 见									
验收 人员 签章			附属技术资料						
验收日期：　　　　　　年　月　日			款源：						

移交单位：　　　　　　　　　　　　　（公章）接收单位：　　　　　　　　　　　　　　（公章）
移交单位主管：　　　　　　　　　　　（签章）接收单位主管：　　　　　　　　　　　　（签章）
移交单位技术主管：　　　　　　　　　（签章）接收单位技术主管：　　　　　　　　　　（签章）
移交单位财务主管：　　　　　　　　　（签章）接收单位财务主管：　　　　　　　　　　（签章）
具体经办（采购）人：　　　　　　　　（签章）接收单位经办人：　　　　　　　　　　　（签章）
　　　　　　　年　月　日　　　　　　　　　　　　　　　　年　月　日

53. 辽宁增值税普通发票

210077894 **辽宁增值税普通发票** No: 01432563

开票日期： 年 月 日

购买方	名　　称： 纳税人识别号： 地址、电话： 开户行及账号：				密码区			
货物或应税劳务、服务名称	规格型号	单位	数量	单价	金额	税率	税额
合　　　计							
价税合计（大写）				（小写）			
销售方	名　　称： 纳税人识别号： 地址、电话： 开户行及账号：				备注			

收款人： 复核： 开票人： 销货单位：（章）

第二联　发票联　购货方记账凭证

54-1. 固定资产拆除、报废申请表

固定资产拆除、报废申请表

申请单位： 年 月 日 第 号

固定资产名　称		固定资产编　号		卡片号		交付使用日　期	
型号规格		计量单位		数量		建造单位及建造年月	
原预计使用年限		实际使用年　限				清理时所在地点	
原价		已提折旧				预计净残值	

技术状态及拆除、报废理由：

附属设备及附件	名　称	规　格	数　量	备　注

鉴定小组意见：

参加鉴定人员、职名、姓名、签章：

上级审批意见	分局		审核人		年 月 日
	铁路局		审核人		年 月 日
	铁道部		审核人		年 月 日

单位主管　　　　　　　技术主管　　　　　　　财务主管　　　　　　　填表人
（签章）　　　　　　　　（签章）　　　　　　　（签章）　　　　　　　（签章）

54-2. 专用收款收据

专 用 收 款 收 据

辽财会账证49号

收款日期　　　年　　月　　日

付款单位 （交款人）		收款单位 （领款人）		收款 项目	
人民币 （大写）					
收款事由			经办	部门	
				人员	

上述款项照数收讫无误。 收款单位财会专用章 （领款人签章）	会计主管	核　稽	出　纳	交款人

使用规定：1.本收据只做非经性专用收款数据，不能代替发票使用。2.结算方式按现金、转账、付委、信汇、电汇、托收承付、托收无承付等方式分别填列。3.本数据一式三联复写，不得涂改，如写错不得撕掉，要保留备查。

第三联　给付款单位做收据

54-3. 银行进账单

银行　进账单（收账通知）

3

　　　年　　月　　日

出票人	全　称		收款人	全　称		亿	千	百	十	万	千	百	十	元	角	分
	账　号			账　号												
	开户银行			开户银行												
金额	人民币 （大写）															
票据种类		票据张数														
票据号码																
	复核　　　　　　记账					收款人开户银行签章										

此联是收款人开户银行交给收款人的收账通知

54-4. 辽宁增值税专用发票(2 张)

210077894 　　辽宁增值税专用发票  No: 01432563
　　　　　　　　发　票　联

开票日期：

购货单位	名　　称： 纳税人识别号： 地址、电话： 开户行及账号：		密码区					
货物或应税劳务名称		规格型号	单位	数量	单价	金　额	税率	税　额
合　　计								
价税合计（大写）					（小写）			
销货单位	名　　称： 纳税人识别号： 地址、电话： 开户行及账号：		备注					

收款人：　　　　复核：　　　　开票人：　　　　销货单位：（章）

第三联　发票联　购货方记账凭证

210077894 　　辽宁增值税专用发票 No: 01432563
　　　　　　　　发　票　联

开票日期：

购货单位	名　　称： 纳税人识别号： 地址、电话： 开户行及账号：		密码区					
货物或应税劳务名称		规格型号	单位	数量	单价	金　额	税率	税　额
合　　计								
价税合计（大写）					（小写）			
销货单位	名　　称： 纳税人识别号： 地址、电话： 开户行及账号：		备注					

收款人：　　　　复核：　　　　开票人：　　　　销货单位：（章）

第三联　发票联　购货方记账凭证

55-1. 辽宁增值税普通发票

210077894 **辽宁增值税普通发票** No: 01432563

开票日期： 年 月 日

购买方	名　　　称： 纳税人识别号： 地址、电话： 开户行及账号：				密码区		
货物或应税劳务、服务名称	规格型号	单位	数量	单价	金额	税率	税额
合　　　计							
价税合计（大写）				（小写）			
销售方	名　　　称： 纳税人识别号： 地址、电话： 开户行及账号：				备注		

收款人： 复核： 开票人： 销货单位：（章）

55-2. 银行转账支票

银行 转账支票存根（辽） GS 02 04643025 附加信息 _____ _____ 出票日期　年　月　日 收款人： 金　额： 用　途： 单位主管　会计	本支票付款期限十天	**银行　转账支票**（辽） 锦州 出票日期（大写）　年　月　日　　付款行名称： 收款人：　　　　　　　　　　出票人账号： 人民币（大写）　　　　　　　　亿千百十万千百十元角分 用途 _____ 上列款项请从 我账户内支付 出票人签章　　　　　　　复核　　记账

56-1. 付款通知单

付 款 通 知 单

申 请 付款 部 门				付 款申请人	
付款金额	大写：				
付款方式		收款单位名称		开户行	
		收款单位地址		账 号	
付款内容				申请部门负责人	
				总经理（厂长）	
				财务部门负责人	
				出 纳	

申请付款日期　　　　　　　　　　　　　实际付款日期

（二）由财务部门作为原始凭证

56-2. 业务委托书

_____银行　　　　　　　　　　　　　　业务委托书

委托日期　　　年　　月　　日

银行打印			

客户填写	业务类型	□电汇　□信汇　□汇票申请书　□本票申请书 □其他	汇款方式	□普通　□加急
	委托人	全　称	收款人	全　称
		账号或地址		账号或地址
		开户行名称		开户行名称
		开户银行　　省　　市		开户银行　　省　　市

金额（大写）人民币	亿千百十万千百十元角分

上列款项及相关费用请从我账户内支付。

支付密码	
加急汇款签字	
用 途	

第一联 记账联

事后监督：　　　　会计主管：　　　　　复核：　　　　　记账：

57-1. 辽宁增值税专用发票(3 张)

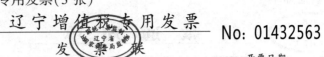

210077894　　　辽宁增值税专用发票　　No: 01432563

发票联

开票日期：

购货单位	名　　称： 纳税人识别号： 地址、电话： 开户行及账号：				密码区		
货物或应税劳务名称	规格型号	单位	数量	单价	金　额	税率	税　额
合　　计							
价税合计（大写）				（小写）			
销货单位	名　　称： 纳税人识别号： 地址、电话： 开户行及账号：				备注		

收款人：　　　　复核：　　　　开票人：　　　　销货单位：（章）

第三联　发票联　购货方记账凭证

210077894　　　辽宁增值税专用发票　　No: 01432563

发票联

开票日期：

购货单位	名　　称： 纳税人识别号： 地址、电话： 开户行及账号：				密码区		
货物或应税劳务名称	规格型号	单位	数量	单价	金　额	税率	税　额
合　　计							
价税合计（大写）				（小写）			
销货单位	名　　称： 纳税人识别号： 地址、电话： 开户行及账号：				备注		

收款人：　　　　复核：　　　　开票人：　　　　销货单位：（章）

第三联　发票联　购货方记账凭证

210077894  No: 01432563

辽宁增值税专用发票

发票联

开票日期：

购货单位	名　　称：					密码区				
	纳税人识别号：									
	地　址、电话：									
	开户行及账号：									

货物或应税劳务名称	规格型号	单位	数量	单价	金　额	税率	税　额
合　　计							

价税合计（大写）	（小写）

销货单位	名　　称：					备注	
	纳税人识别号：						
	地　址、电话：						
	开户行及账号：						

收款人： 复核： 开票人： 销货单位：（章）

第三联 发票联 购货方记账凭证

57-2. 新建(购置)固定资产验收交接记录

新建（购置）固定资产验收交接记录

单位名称： 第 号

移交单位				接收单位						
名　称			计量单位		固定资产组成					
固定资产编号		建造单位	数量		名称	型号规格	建造工厂 建造编号	数量	原价	单价
规格型号		建造	年月 编号	合同号						
技术特征										
原　价		其中：	工程费	设备费	其他					
保管使用单位		预计使用 年　限	预计清理 净残值							
验 收 意 见										
验收 人员 签章					附属技术资料					
验收日期：			年　月　日		款源：					

移交单位： 　　　　　　　　　　　（公章）接收单位： 　　　　　　　　　　　　（公章）
移交单位主管： 　　　　　　　　　（签章）接收单位主管： 　　　　　　　　　（签章）
移交单位技术主管： 　　　　　　　（签章）接收单位技术主管： 　　　　　　　（签章）
移交单位财务主管： 　　　　　　　（签章）接收单位财务主管： 　　　　　　　（签章）
具体经办（采购）人： 　　　　　　（签章）接收单位经办人： 　　　　　　　　（签章）
　　　　　　　　年　月　日　　　　　　　　　　　　　　　年　月　日

57-3. 银行转账支票(3 张)

银行
转账支票存根（辽）

GS／02　04643025

附加信息

_____

_____

出票日期　　年 月 日
收款人：
金　额：
用　途：

单位主管　会计

本支票付款期限十天

银行　　转账支票（辽）　锦州

出票日期（大写）　　年　　月　　日　　付款行名称：
收款人：　　　　　　　　　　　　　　出票人账号：

人民币
（大写）　　　　　　　　　　　　　亿 千 百 十 万 千 百 十 元 角 分

用途_____
上列款项请从
我账户内支付
出票人签章

复核　　　记账

银行
转账支票存根（辽）

GS／02　04643025

附加信息

_____

_____

出票日期　　年 月 日
收款人：
金　额：
用　途：

单位主管　会计

本支票付款期限十天

银行　　转账支票（辽）　锦州

出票日期（大写）　　年　　月　　日　　付款行名称：
收款人：　　　　　　　　　　　　　　出票人账号：

人民币
（大写）　　　　　　　　　　　　　亿 千 百 十 万 千 百 十 元 角 分

用途_____
上列款项请从
我账户内支付
出票人签章

复核　　　记账

银行
转账支票存根（辽）

GS／02　04643025

附加信息

_____

_____

出票日期　　年 月 日
收款人：
金　额：
用　途：

单位主管　会计

本支票付款期限十天

银行　　转账支票（辽）　锦州

出票日期（大写）　　年　　月　　日　　付款行名称：
收款人：　　　　　　　　　　　　　　出票人账号：

人民币
（大写）　　　　　　　　　　　　　亿 千 百 十 万 千 百 十 元 角 分

用途_____
上列款项请从
我账户内支付
出票人签章

复核　　　记账

58-1. 入库单

| 辽财会账证46号 | | | | | | | 入库单 | | 第 | | 号 | | | |

入库单

收到 _____ 　　年　月　日　类别_____ 编号_____

品　名	规　格	单位	数　量	实际单价	计划单价	金　额	差　异
负责人	仓库负责人	入库经手人	记账		合　计		

9510720010108

58-2. 辽宁增值税专用发票

210077894　　**辽宁增值税专用发票**　　No: 01432563

发　票　联

开票日期：

购货单位	名　称： 纳税人识别号： 地址、电话： 开户行及账号：				密码区		
货物或应税劳务名称	规格型号	单位	数量	单价	金　额	税率	税　额
合　计							
价税合计（大写）				（小写）			
销货单位	名　称： 纳税人识别号： 地址、电话： 开户行及账号：				备注		

收款人：　　　　复核：　　　　开票人：　　　　销货单位：（章）

第三联　发票联　购货方记账凭证

58-3. 银行转账支票

银行 转账支票存根（辽） GS 02　04643025 附加信息 ＿＿＿＿＿ ＿＿＿＿＿＿＿＿＿ ＿＿＿＿＿＿＿＿＿ 出票日期　年 月 日 收款人： 金　额： 用　途： 单位主管　　会计	本支票付款期限十天

银行　　转账支票（辽） 锦州

出票日期（大写）　　年　　月　　日　　付款行名称：

收款人：　　　　　　　　　　　　出票人账号：

人民币
（大写）　　　　　　　　　　　　亿千百十万千百十元角分

用途 ＿＿＿＿＿

上列款项请从
我账户内支付
出票人签章

复核　　　　记账

58-4. 出库单

辽财会账证46号

辽宁省财政厅监制 ★ (07-1)

出　库　单

收到 ＿＿＿＿＿　　　　年　　月　　日　　类别＿＿＿　　第　号　编号＿＿＿

品　　　名	规格	单位	数量	实际单价	计划单价	金　　额			差　　异		
负责人	负责人仓库	经手人入库	记账		合　计						

9510720 0108

58-5. 辽宁增值税普通发票

210077894 　**辽宁增值税普通发票**　 No: 01432563

开票日期：　　年　月　日

购买方	名　　　称：				密码区	
	纳税人识别号：					
	地址、电话：					
	开户行及账号：					

货物或应税劳务、服务名称	规格型号	单位	数量	单价	金额	税率	税额
合　　计							

价税合计（大写）		（小写）

销售方	名　　　称：				备注	
	纳税人识别号：					
	地址、电话：					
	开户行及账号：					

收款人：　　　　　复核：　　　　　开票人：　　　　　销货单位：（章）

58-6. 月份工资结算单

月 份 工 资 结 算 单

车间　　　　　　　　　　　　　　　　　　　　　　　　第　号

编号	姓名	基本工资	日工资	出勤日 日数	金额			应领工资	扣款	实领工资	盖章
编号	姓名	基本工资	日工资	出勤日 日数	金额			应领工资	扣款	实领工资	盖章
编号	姓名	基本工资	日工资	出勤日 日数	金额			应领工资	扣款	实领工资	盖章
编号	姓名	基本工资	日工资	出勤日 日数	金额			应领工资	扣款	实领工资	盖章
编号	姓名	基本工资	日工资	出勤日 日数	金额			应领工资	扣款	实领工资	盖章
编号	姓名	基本工资	日工资	出勤日 日数	金额			应领工资	扣款	实领工资	盖章
编号	姓名	基本工资	日工资	出勤日 日数	金额			应领工资	扣款	实领工资	盖章
编号	姓名	基本工资	日工资	出勤日 日数	金额			应领工资	扣款	实领工资	盖章
编号	姓名	基本工资	日工资	出勤日 日数	金额			应领工资	扣款	实领工资	盖章
编号	姓名	基本工资	日工资	出勤日 日数	金额			应领工资	扣款	实领工资	盖章
编号	姓名	基本工资	日工资	出勤日 日数	金额			应领工资	扣款	实领工资	盖章
小　计											

负责人：　　　　　　　会计：　　　　　　　制表：

58-7. 银行转账支票

| 银行
转账支票存根（辽）
GS 02 04643025

附加信息 _____

_____

_____

出票日期　年 月 日
收款人：
金　额：
用　途：
单位主管　　会计 | 本支票付款期限十天 | 银行　　转账支票（辽）　锦州

出票日期（大写）　　年　月　日　　付款行名称：
收款人：　　　　　　　　　　　　出票人账号：

人民币
（大写）　　　　　　　　　　亿千百十万千百十元角分

用途 _____
上列款项请从
我账户内支付
出票人签章

　　　　　　　　　　复核　　　记账 |

59. 辽宁增值税普通发票

210077894　辽宁增值税普通发票　No: 01432563

开票日期：　　年 月 日

购买方	名　　称： 纳税人识别号： 地址、电话： 开户行及账号：				密码区			
货物或应税劳务、服务名称	规格型号	单位	数量	单价	金额	税率	税额	第二联 发票联 购货方记账凭证
合　　计								
价税合计（大写）					（小写）			
销售方	名　　称： 纳税人识别号： 地址、电话： 开户行及账号：				备注			

收款人：　　　　复核：　　　　开票人：　　　　销货单位：（章）

60-1. 银行进账单(回单)

银行　进账单（收账通知）

3

年　　月　　日

出票人	全　称		收款人	全　称	
	账　号			账　号	
	开户银行			开户银行	

| 金额 | 人民币
（大写） | | | 亿 | 千 | 百 | 十 | 万 | 千 | 百 | 十 | 元 | 角 | 分 |

票据种类		票据张数	
票据号码			

复核　　　　记账　　　　　　　　　　收款人开户银行签章

此联是收款人开户银行交给收款人的收账通知

60-2. 辽宁增值税专用发票

210077894

辽宁增值税专用发票　　No: 01432563

发票联

开票日期：

购货单位	名　　称：		密码区	
	纳税人识别号：			
	地址、电话：			
	开户行及账号：			

货物或应税劳务名称	规格型号	单位	数量	单价	金　额	税率	税　额
合　计							

| 价税合计（大写） | | （小写） |

销货单位	名　　称：		备注	
	纳税人识别号：			
	地址、电话：			
	开户行及账号：			

收款人：　　　　复核：　　　　开票人：　　　　销货单位：（章）

第三联　发票联　购货方记账凭证

61-1. 新建(购置)固定资产验收交接记录

新建（购置）固定资产验收交接记录

单位名称：　　　　　　　　　　　　　　　　　　　　　　　　第　号

移交单位			接收单位							
名　称			计量单位		固定资产组成					
固定资产编号		建造单位	数量		名称	型号规格	建造工厂	数量	原价	单价
							建造编号			
规格型号		建造 年月	合同号							
		编号								
技术特征										
原　价		其中：	工程费	设备费	其他					
保管使用单位		预计使用 年限	预计清理 净残值							
验收意见										
验收 人员 签章				附属技术资料						
验收日期：		年　月　日		款源：						

移交单位：　　　　　　　　　　　　（公章）接收单位：　　　　　　　　　　　（公章）
移交单位主管：　　　　　　　　　　（签章）接收单位主管：　　　　　　　　　（签章）
移交单位技术主管：　　　　　　　　（签章）接收单位技术主管：　　　　　　　（签章）
移交单位财务主管：　　　　　　　　（签章）接收单位财务主管：　　　　　　　（签章）
具体经办（采购）人：　　　　　　　（签章）接收单位经办人：　　　　　　　　（签章）
　　　　　年　月　日　　　　　　　　　　　　　　年　月　日

61-2. 附表会计师事务所评估记录（自制）

格喜会计师事务所（特殊普通合伙）

审计报告

锦州大华有限公司全体股东：

一、评估意见：

我们审计了锦州大华有限公司（以下简称"贵公司"）关于取得泰宝公司投入专有技术的有关资料。我们认为，该项业务按照企业会计准则处理，公允反映了无形资产的价值。

二、形成评估意见的基础

我们按照中国注册会计师审计准则的规定执行了评估工作。按照中国注册会计师职业道德守则，我们独立于贵公司，并履行了职业道德方面的其他责任。我们相信，我们获取的评估资料是充分、适当的，为发表评估意见提供了基础。

格喜会计师事务所（特殊普通合伙）　　　　中国注册会计师：xx

　　　　　　　　　　　　　　　　　　　　（项目合伙人）

中国　　　　　　沈阳市　　　　　　　　　中国注册会计师：xxx

2020年 12月 25日

62-1. 技术监督部门的评估报告（自制）

无形资产价值评估表

填报单位：　　　　　　　　　　　　　　　　　　　　　　　单位：元

资产编码		产品名称		规格/型号	
厂名或牌号		启用日期		地点	
原值		已提折旧		累计已计提 减值准备	
净值		可回收金额		需补提或冲回 减值准备	
减值或增值 情况					
综合管理部 门意见					

62-2. 股东大会决议（自制）

公告编号：2020-003

锦州大华有限公司
2020年第三次股东大会决议公告

　　本公司董事会及全体董事保证本公告内容不存在任何虚假记载、误导性陈述或者重大遗漏，并对其内容的真实性、准确性和完整性承担法律责任。

重要内容提示：

　　本次会议是否有否决议案： 有

一、会议召开和出席情况

(一)股东大会召开的时间：2020年12月25日

(二)股东大会召开的地点：

　　　　辽宁省锦州市太和区东华路 2 号锦州大华有限公司办公楼 7 楼会议室

(三) 本次股东大会采取现场投票与网络投票相结合的表决方式，符合相关法律法规的规定。

二、议案审议情况

１．议案名称： 关于公司取得泰宝公司投入的专有技术

２．表决情况：通过

三、律师见证情况

１．本次股东大会见证的律师事务所： 锦州市达昂律师事务所

　　律师： 魏柏、张旭

２．律师见证结论意见：

　　魏柏律师现场见证本次会议。 受疫情影响，张旭律师以视频通信方式见证本次会议。 锦州市达昂律师事务所认为，公司本次股东大会的召集、召开程序、召集人的资格、出席会议人员资格及会议表决程序和表决结果符合相关等法律、行政法规、规范性文件的规定。公司本次股东大会决议合法有效。

　　特此公告。

锦州大华有限公司董事会

2020 年12月25日

63-1. 投资双方协议

协议书

甲方：瑞星公司（以下简称"甲方"）

乙方：锦州大华有限公司（以下简称"乙方"）

经甲乙双方协商，达成如下协议：

一、甲方将募集的专项资金按需注入经营资金缺口，本捐款注入后指定专人管理此资金，根据需要及时协商，落实到位。

二、甲方根据资金管理计划，发放资金。

三、乙方必须根据经营所需合理使用，不得浪费、挪用、存储。

四、甲方有权对资金的列支情况进行检查、监督，不定期地安排专业监督人深入实地调查了解乙方资金管理使用情况，发现问题及时纠正。

五、本协议未尽事宜，双方协商解决。

六、本协议一式二份，双方各执一份。

七、本协议经双方授权代表签字后生效。

甲方代表签字：

乙方代表签字：

2020年12月26日

63-2. 专用收款收据

专 用 收 款 收 据

辽宁理工职业学院
会计电算化专业模拟实习专用

辽财会账证49号

收款日期　　年　月　日

付款单位（交款人）		收款单位（领款人）		收款项目	
人民币（大写）					
收款事由			经办	部门	
				人员	
上述款项照数收讫无误。收款单位财会专用章（领款人签章）		会计主管	核稽	出纳	交款人

第三联　给付款单位做收据

使用规定：
1.本收据只做非经性专用收款收据，不能代替发票使用。2.结算方式按现金、转账、付委、信汇、电汇、托收承付、托收无承付等方式分别填列。3.本收据一式三联复写，不得涂改，如写错不得撕掉，要保留备查。

63-3. 银行进账单

银行　进账单（收账通知）

3

年　　月　　日

出票人	全　称		收款人	全　称												
	账　号			账　号												
	开户银行			开户银行												
金额	人民币（大写）					亿	千	百	十	万	千	百	十	元	角	分
票据种类		票据张数														
票据号码																
复核　　　　记账				收款人开户银行签章												

此联是收款人开户银行交给收款人的收账通知

64-1. 辽宁增值税专用发票

210077894

辽宁增值税专用发票

发票联

No: 01432563

开票日期：

购货单位	名　　　称：				密码区				
	纳税人识别号：								
	地　址、电话：								
	开户行及账号：								

货物或应税劳务名称	规格型号	单位	数量	单价	金　额	税率	税　额
合　　　计							

价税合计（大写）	（小写）

销货单位	名　　　称：	备注
	纳税人识别号：	
	地　址、电话：	
	开户行及账号：	

收款人：　　　　复核：　　　　　开票人：　　　　销货单位：（章）

第三联　发票联　购货方记账凭证

64-2. 新建（购置）固定资产验收交接记录

新建（购置）固定资产验收交接记录

单位名称：　　　　　　　　　　　　　　　　　　　　　　　　　　　第　　号

移交单位			接收单位						
名　　称		计量单位		固定资产组成					
固定资产编号	建造单位	数量		名称	型号规格	建造工厂 建造编号	数量	原价	单价
规格型号	建造	年月 编号	合同号						
技术特征									
原　　价	其中：	工程费	设备费	其他					
保管使用单位	预计使用 年　限	预计清理 净残值							
验 收 意 见									
验 收 人 员 签 章			附属技术资料						
验收日期：　　　年　月　日			款源：						

移交单位：　　　　　　　　　　　（公章）接收单位：　　　　　　　　　　　　　（公章）
移交单位主管：　　　　　　　　　（签章）接收单位主管：　　　　　　　　　　　（签章）
移交单位技术主管：　　　　　　　（签章）接收单位技术主管：　　　　　　　　　（签章）
移交单位财务主管：　　　　　　　（签章）接收单位财务主管：　　　　　　　　　（签章）
具体经办（采购）人：　　　　　　（签章）接收单位经办人：　　　　　　　　　　（签章）
　　　　　　年　　月　　日　　　　　　　　　　　　　年　　月　　日

65-1. 入库单

辽财会账证46号	辽宁省财政厅监制 (07-1) ★		入 库 单		年　月　日　类别_____		第　　号 编号_____

收到 _____

品　　名	规　格	单位	数　量	实际单价	计划单价	金　　额	差　　异
负责人	仓库负责人	经手入库人	记账		合　计		

9510720010 8

65-2. 辽宁增值税专用发票

210077894　　**辽宁增值税专用发票**　No: 01432563

辽宁省国家税务局监制

发　票　联

第三联 发票联 购货方记账凭证

开票日期：

购货单位	名　　称： 纳税人识别号： 地址、电话： 开户行及账号：				密码区		
货物或应税劳务名称	规格型号	单位	数量	单价	金　额	税率	税　额
合　　　计							
价税合计（大写）					（小写）		
销货单位	名　　称： 纳税人识别号： 地址、电话： 开户行及账号：				备注		

收款人：　　　　复核：　　　　开票人：　　　　销货单位：（章）

66-1. 入库单

辽财会账证46号	辽宁省财政厅监制 (07-1)	入库单							第 号

收到 _____　　年　月　日　类别_____ 编号_____

品　　名	规格	单位	数量	实际单价	计划单价	金　　额	差　异

9510720010B

负责人	仓库负责人	经手入库	记账	合　计		

66-2. 辽宁增值税专用发票

210077894　　　　No: 01432563

发　票　联

开票日期：

购货单位	名　　称：				密码区		
	纳税人识别号：						
	地址、电话：						
	开户行及账号：						

货物或应税劳务名称	规格型号	单位	数量	单价	金　额	税率	税　额
合　　计							

价税合计（大写）	（小写）

销货单位	名　　称：		备注
	纳税人识别号：		
	地址、电话：		
	开户行及账号：		

收款人：　　　　复核：　　　　开票人：　　　　销货单位：（章）

第三联 发票联 购货方记账凭证

67. 入库单

辽财会账证46号	辽宁省财政厅监制 ★ (07-1)	**入 库 单**				第　　号

收到 ＿＿＿＿＿＿＿＿　　　　　　年　　月　　日　　类别＿＿＿＿＿　编号＿＿＿＿＿

品　　　　名	规　格	单位	数　量	实际单价	计划单价	金　　　　额	差　　　　异
负责人	仓库负责人	经手人入库	记账	合　计			

95107200108

68-1. 入库单

辽财会账证46号	辽宁省财政厅监制 ★ (07-1)	**入 库 单**				第　　号

收到 ＿＿＿＿＿＿＿＿　　　　　　年　　月　　日　　类别＿＿＿＿＿　编号＿＿＿＿＿

品　　　　名	规　格	单位	数　量	实际单价	计划单价	金　　　　额	差　　　　异
负责人	仓库负责人	经手人入库	记账	合　计			

95107200108

68-2. 辽宁增值税专用发票

210077894 　　辽宁增值税专用发票　　No: 01432563
　　　　　　　　发　票　联

开票日期：

购货单位	名　　　称： 纳税人识别号： 地址、电话： 开户行及账号：				密码区		
货物或应税劳务名称	规格型号	单位	数量	单价	金　额	税率	税　额
合　　　计							
价税合计（大写）			（小写）				
销货单位	名　　　称： 纳税人识别号： 地址、电话： 开户行及账号：				备注		

收款人：　　　　复核：　　　　开票人：　　　　销货单位：（章）

第三联　发票联　购货方记账凭证

69-1. 辽宁增值税专用发票

210077894 　　辽宁增值税专用发票　　No: 01432563
　　　　　　　　发　票　联

开票日期：

购货单位	名　　　称： 纳税人识别号： 地址、电话： 开户行及账号：				密码区		
货物或应税劳务名称	规格型号	单位	数量	单价	金　额	税率	税　额
合　　　计							
价税合计（大写）			（小写）				
销货单位	名　　　称： 纳税人识别号： 地址、电话： 开户行及账号：				备注		

收款人：　　　　复核：　　　　开票人：　　　　销货单位：（章）

第三联　发票联　购货方记账凭证

69-2. 银行转账支票

银行
转账支票存根（辽）

GS
02　04643025

附加信息 _____

_____

_____

出票日期　　年　月　日

收款人：

金　额：

用　途：

单位主管　　会计

本支票付款期限十天

9510720 0108

银行　　转账支票（辽）锦州

出票日期（大写）　　年　　月　　日　　付款行名称：

收款人：　　　　　　　　　　　　　　出票人账号：

人民币
（大写）　　　　　　　　　　　　亿千百十万千百十元角分

用途 _____

上列款项请从
我账户内支付

出票人签章

复核　　　记账

70-1. 入库单(2张)

辽财会账证46号

辽宁省财政厅监制
★
（07-1）

入 库 单

收到 _____　　　　　　年　　月　　日　　类别_____　　第　　号　　编号_____

品　　　名	规　格	单位	数　量	实际单价	计划单价	金　　额	差　异
负责人	仓库负责人	经手入库人	记账	合　计			

9510720 0108

辽财会账证46号

辽宁省财政厅监制
★
（07-1）

入 库 单

收到 _____　　　　　　年　　月　　日　　类别_____　　第　　号　　编号_____

品　　　名	规　格	单位	数　量	实际单价	计划单价	金　　额	差　异
负责人	仓库负责人	经手入库人	记账	合　计			

9510720 0108

70-2. 辽宁增值税专用发票

210077894　　辽宁增值税专用发票　　No: 01432563
　　　　　　　　发　票　联

开票日期：

购货单位	名　　称： 纳税人识别号： 地址、电话： 开户行及账号：				密码区		

货物或应税劳务名称	规格型号	单位	数量	单价	金　额	税率	税　额
合　　计							

价税合计（大写）		（小写）

销货单位	名　　称： 纳税人识别号： 地址、电话： 开户行及账号：	备注

收款人：　　　　　复核：　　　　　开票人：　　　　　销货单位：（章）

70-3. 银行电汇凭证

银行电汇凭证（回　单）

请将下述款项以下方式汇出：
□普通汇款业务
□加急即时业务

委托日期　　　年　月　日

汇款人	全　　称		收款人	全　　称	
	账　　号			账　　号	
	汇出地点	省　　市/县		汇入地点	
汇出行名称					

金额	人民币 （大写）	亿	千	百	十	万	千	百	十	元	角	分

支付密码

附加信息及用途：

汇出行签章　　　　　复核：　　　　　记账：

特别提示：普通汇款业务，次日到账。
　　　　　加急即时业务，保证2小时内到账，加收30%费用。

71-1. 入库单

| 辽财会账证46号 | 辽宁省财政厅监制 (07-1) ★ | **入库单** | | | | | 第　　号 | |

收到＿＿＿＿＿＿＿＿　　　　年　月　日　类别＿＿＿＿　编号＿＿＿＿

品　　　名	规　格	单位	数　量	实际单价	计划单价	金　　　额	差　　　异
负责人	仓库负责人	入库经手人	记账		合　计		

9510720010 8

71-2. 辽宁增值税专用发票

210077894　　　**辽宁增值税专用发票**　　No: 01432563

发　票　联

开票日期：

购货单位	名　　　称： 纳税人识别号： 地址、电话： 开户行及账号：				密码区		
货物或应税劳务名称	规格型号	单位	数量	单价	金　额	税率	税　额
合　　计							
价税合计（大写）				（小写）			
销货单位	名　　　称： 纳税人识别号： 地址、电话： 开户行及账号：				备注		

收款人：　　　　复核：　　　　开票人：　　　　销货单位：（章）

71-3. 银行电汇凭证

请将下述款项用以下方式汇出：
□普通汇款业务
□加急即时业务

银行电汇凭证（回　单）

委托日期　　　　年　月　日

汇款人	全　称		收款人	全　称	
	账　号			账　号	
	汇出地点	省　　　市/县		汇入地点	
	汇出行名称				

金额	人民币（大写）						亿	千	百	十	万	千	百	十	元	角	分

（2）此联汇出行给汇款人的回单

支付密码

附加信息及用途：

汇出行签章　　　　　　　　　　复核：　　　　记账：

特别提示：普通汇款业务，次日到账。
　　　　　加急即时业务，保证2小时内到账，加收30%费用。

71-4. 辽宁增值税专用发票

210077894　　辽宁增值税专用发票　　No: 01432563

发　票　联

开票日期：

购货单位	名　称： 纳税人识别号： 地址、电话： 开户行及账号：		密码区	

货物或应税劳务名称	规格型号	单位	数量	单价	金　额	税率	税　额
合　　计							

价税合计（大写）		（小写）

销货单位	名　称： 纳税人识别号： 地址、电话： 开户行及账号：		备注	

收款人：　　　　复核：　　　　开票人：　　　　销货单位：（章）

第三联　发票联　购货方记账凭证

71-5. 新建(购置)固定资产验收交接记录

新建（购置）固定资产验收交接记录

单位名称：　　　　　　　　　　　　　　　　　　　　　　　　　　　　第　号

移交单位				接收单位							
名　称			计量单位		固定资产组成						
固定资产编号		建造单位	数量		名称	型号规格	建造工厂 建造编号	数量	原价	单价	
规格型号		建造 年月 编号	合同号								
技术特征											
原　价		其中：	工程费	设备费	其他						
保管使用单位		预计使用 年　限	预计清理 净残值								
验 收 意 见											
验收 人员 签章				附属技术资料							
验收日期：			年　月　日	款源：							

移交单位：　　　　　　　　　　（公章）接收单位：　　　　　　　　　　　　　　　　　　　　（公章）
移交单位主管：　　　　　　　　（签章）接收单位主管：　　　　　　　　　　　　　　　　　　（签章）
移交单位技术主管：　　　　　　（签章）接收单位技术主管：　　　　　　　　　　　　　　　　（签章）
移交单位财务主管：　　　　　　（签章）接收单位财务主管：　　　　　　　　　　　　　　　　（签章）
具体经办（采购）人：　　　　　（签章）接收单位经办人：　　　　　　　　　　　　　　　　　（签章）
　　　　　　　年　月　日　　　　　　　　　　　　　　　　　　　年　月　日

72-1. 入库单

辽财会账证46号

(辽宁省财政厅监制 ★ (07-1))

入库单

年　月　日　类别＿＿＿＿　第＿＿＿号　编号＿＿＿＿

收到＿＿＿＿＿＿＿＿＿

品　　名	规　格	单位	数　量	实际单价	计划单价	金　　额	差　异
负责人	仓库负责人	经手人入库	记账			合　计	

9510720010 8

72-2. 辽宁增值税专用发票

210077894

辽宁增值税专用发票

发票联

No: 01432563

开票日期：

购货单位	名　　称：		密码区	
	纳税人识别号：			
	地址、电话：			
	开户行及账号：			

货物或应税劳务名称	规格型号	单位	数量	单价	金　额	税率	税　额
合　　计							

价税合计（大写）		（小写）

销货单位	名　　称：		备注	
	纳税人识别号：			
	地址、电话：			
	开户行及账号：			

收款人：　　　　复核：　　　　开票人：　　　　销货单位：（章）

第三联　发票联　购货方记账凭证

73. 无形资产摊销明细表(自制)

无形资产摊销明细表

资产名称	期初余额	已摊销额	摊销年限	本期摊销金额	本期摊销年限
合计					

74. 银行进账单

银行 进账单 (收账通知)

3

年 月 日

出票人	全 称		收款人	全 称		此联是收款人开户银行交给收款人的收账通知
	账 号			账 号		
	开户银行			开户银行		

金额	人民币(大写)		亿 千 百 十 万 千 百 十 元 角 分

票据种类		票据张数	
票据号码			

复核　　　　记账　　　　　　　　　　收款人开户银行签章

75-1. 专用收款收据

专 用 收 款 收 据

辽财会账证49号

收款日期 年 月 日

付款单位(交款人)		收款单位(领款人)		收款项目	
人民币(大写)					
收款事由			经办	部门	
				人员	
上述款项照数收讫无误。收款单位财会专用章(领款人签章)	会计主管	核 稽	出 纳	交款人	

使用规定:　1.本收据只做非经性专用收款收据,不能代替发票使用。2.结算方式按现金、转账、付委、信汇、电汇、托收承付、托收无承付等方式分别填列。3.本收据一式三联复写,不得涂改,如写错不得撕掉,要保留备查。

第三联　给付款单位做收据

101

75-2. 付款通知单

付 款 通 知 单

申 请 付 款 部 门				付 款 申请人	
付款金额		大写：			
付款 方式		收款单位名称		开户行	
		收款单位地址		账 号	
付 款 内 容				申请部门 负责人	
				总经理 （厂长）	
				财务部门 负责人	
				出 纳	

申请付款日期　　　　　　　　　　　　　　　　　　　实际付款日期

（二）由财务部门作为原始凭证

75-3. 银行电汇凭证

请将下述款项用以下方式汇出：
□普通汇款业务
□加急即时业务

银行电汇凭证（回　单）

委托日期　　　年　月　日

汇 款 人	全　称		收 款 人	全　称	
	账　号			账　号	
	汇出地点	省　　　市/县		汇入地点	
汇出行名称					

金 额	人民币 （大写）		亿	千	百	十	万	千	百	十	元	角	分

支付密码	
附加信息及用途：	

汇出行签章　　　　　　　　　　　复核：　　　　记账：

（2）此联汇出行给汇款人的回单

特别提示：普通汇款业务，次日到账。
　　　　　加急即时业务，保证2小时内到账，加收30%费用。

76-1. 专用收款收据

专用收款收据

收款日期　　年　　月　　日

辽财会账证49号					
付款单位（交款人）		收款单位（领款人）		收款项目	
人民币（大写）					
收款事由			经办	部门	
				人员	
上述款项照数收讫无误。收款单位财会专用章（领款人签章）		会计主管	核稽	出纳	交款人

第三联　给付款单位做收据

使用规定：　1.本收据只做非经性专用收款收据，不能代替发票使用。2.结算方式按现金、转账、付委、信汇、电汇、托收承付、托收无承付等方式分别填列。3.本收据一式三联复写，不得涂改，如写错不得撕掉，要保留备查。

76-2. 付款通知单

付款通知单

辽宁省财政厅监制（07）

申请付款部门			付款申请人	
付款金额	大写：			
付款方式		收款单位名称		开户行	
		收款单位地址		账号	
付款内容			申请部门负责人	
			总经理（厂长）	
			财务部门负责人	
			出纳	

（二）由财务部门作为原始凭证

申请付款日期　　　　　　　　　　　实际付款日期

76-3. 银行承兑汇票

银行承兑汇票

2

出票日期 （大写）　　　年　　月　　日

出票人全称		收款人	全称											
出票人账号			账号											
付款行全称			开户银行											
出票金额	人民币（大写）			亿	千	百	十	万	千	百	十	元	角	分
汇票到期日（大写）		付款行	行号											
承兑协议编号			地址											

本汇票请你行承兑，到期无条件付款。	本汇票已经承兑，到期日由本行付款。 承兑日期　　年　月　日　承兑行签章	
出票人签章	备注：	复核　　　记账

此联收款人开户行随托收凭证寄付款行做借方凭证附件

77-1. 专用收款收据

专 用 收 款 收 据

辽财会账证49号

收款日期　　　年　　月　　日

付款单位（交款人）		收款单位（领款人）		收款项目	
人民币（大写）					
收款事由		经办	部门		
			人员		
上述款项照数收讫无误。 收款单位财会专用章 （领款人签章）	会计主管	核　稽	出　纳	交款人

第三联　给付款单位做收据

使用规定：　1.本收据只做非经性专用收款收据，不能代替发票使用。2.结算方式按现金、转账、付委、信汇、电汇、托收承付、托收无承付等方式分别填列。3.本收据一式三联复写，不得涂改，如写错不得撕，掉要保留备查。

77-2. 付款通知单

付 款 通 知 单

申请付款部门			付款申请人	
付款金额	大写:			
付款方式	收款单位名称		开户行	
	收款单位地址		账　号	
付款内容			申请部门负责人	
			总经理（厂长）	
			财务部门负责人	
			出　纳	

申请付款日期　　　　　　　　　　　　实际付款日期

（二）由财务部门作为原始凭证

77-3. 银行转账支票

银行转账支票存根（辽） GS/02 04643025 附加信息 ———————— ———————— 出票日期　年 月 日 收款人： 金　额： 用　途： 单位主管　会计	本支票付款期限十天

银行　转账支票（辽）锦州

出票日期（大写）　　　年　　月　　日	付款行名称：
收款人：	出票人账号：

人民币（大写）　　　　　　　　　　　亿千百十万千百十元角分

用途_____
上列款请请从
我账户内支付
出票人签章

复核　　　记账

78-1. 付款通知单

付 款 通 知 单

申请付款部门			付款申请人	
付款金额	大写:			
付款方式	收款单位名称		开户行	
	收款单位地址		账　号	
付款内容			申请部门负责人	
			总经理（厂长）	
			财务部门负责人	
			出　纳	

申请付款日期　　　　　　　　　　　　实际付款日期

（二）由财务部门作为原始凭证

78-2. 银行电汇凭证

请将下述款项用以下方式汇出：
□普通汇款业务
□加急即时业务

银行电汇凭证（回 单）

委托日期　　　年　月　日

汇款人	全　称		收款人	全　称	
	账号			账号	
	汇出地点	省　　　市/县		汇入地点	
汇出行名称					

金额	人民币（大写）			亿	千	百	十	万	千	百	十	元	角	分
		支付密码												
		附加信息及用途：												
	汇出行签章		复核：　　　　记账：											

特别提示：普通汇款业务，次日到账。
　　　　　加急即时业务，保证2小时内到账，加收30%费用。

（2）此联汇出行给汇款人的回单

79-1. 银行进账单

银行　进账单（收账通知）

年　　　月　　　日　　　　　　3

出票人	全　称		收款人	全　称	
	账　号			账　号	
	开户银行			开户银行	

金额	人民币（大写）		亿	千	百	十	万	千	百	十	元	角	分
票据种类		票据张数											
票据号码													
复核　　　记账			收款人开户银行签章										

此联是收款人开户银行交给收款人的收账通知

79-2. 专用收款收据

专 用 收 款 收 据

辽财会账证49号

收款日期　　年　月　日

付款单位 （交款人）		收款单位 （领款人）		收款 项目	
人民币 （大写）					
收款事由			经办	部门	
				人员	
上述款项照数收讫无误。 收款单位财会专用章 （领款人签章）		会计主管	核　稽	出　纳	交款人

第三联　给付款单位做收据

使用规定：1.本收据只做非经性专用收款收据，不能代替发票使用。2.结算方式按现金、转账、付委、信汇、电汇、托收承付、托收无承付等方式分别填列。3.本收据一式三联复写，不得涂改，如写错不得撕掉，要保留备查。

80-1. 专用收款收据

专 用 收 款 收 据

辽财会账证49号

收款日期　　年　月　日

付款单位 （交款人）		收款单位 （领款人）		收款 项目	
人民币 （大写）					
收款事由			经办	部门	
				人员	
上述款项照数收讫无误。 收款单位财会专用章 （领款人签章）		会计主管	核　稽	出　纳	交款人

第三联　给付款单位做收据

使用规定：1.本收据只做非经性专用收款收据，不能代替发票使用。2.结算方式按现金、转账、付委、信汇、电汇、托收承付、托收无承付等方式分别填列。3.本收据一式三联复写，不得涂改，如写错不得撕掉，要保留备查。

80-2. 银行承兑汇票

银行承兑汇票 2

出票日期　　　　　　年　　月　　日
（大写）

<table>
<tr><td>出票人全称</td><td></td><td rowspan="3">收款人</td><td>全称</td><td colspan="11"></td></tr>
<tr><td>出票人账号</td><td></td><td>账号</td><td colspan="11"></td></tr>
<tr><td>付款行全称</td><td></td><td>开户银行</td><td colspan="11"></td></tr>
<tr><td rowspan="2">出票金额</td><td rowspan="2">人民币
（大写）</td><td rowspan="2" colspan="2"></td><td>亿</td><td>千</td><td>百</td><td>十</td><td>万</td><td>千</td><td>百</td><td>十</td><td>元</td><td>角</td><td>分</td></tr>
<tr><td></td><td></td><td></td><td></td><td></td><td></td><td></td><td></td><td></td><td></td><td></td></tr>
<tr><td>汇票到期日
（大写）</td><td></td><td rowspan="2">付款行</td><td>行号</td><td colspan="11"></td></tr>
<tr><td>承兑协议编号</td><td></td><td>地址</td><td colspan="11"></td></tr>
<tr><td colspan="2">本汇票请你行承兑，到期无条件付款。</td><td colspan="2">本汇票已经承兑，到期日
由本行付款。

承兑日期　　年　月　日</td><td colspan="11">承兑行签章</td></tr>
<tr><td colspan="2">出票人签章</td><td colspan="2">备注：</td><td colspan="5">复核</td><td colspan="6">记账</td></tr>
</table>

此联收款人开户行随托收凭证寄付款行做借方凭证附件

81-1. 专用收款收据

专用收款收据

辽财会账证49号

（财政票据监制章 专用收款收据）

收款日期　　　　年　　月　　日

<table>
<tr><td>付款单位
（交款人）</td><td></td><td>收款单位
（领款人）</td><td colspan="3"></td><td>收款
项目</td><td></td></tr>
<tr><td>人民币
（大写）</td><td colspan="7"></td></tr>
<tr><td>收款事由</td><td colspan="4"></td><td>经办</td><td>部门</td><td></td></tr>
<tr><td></td><td></td><td></td><td></td><td></td><td></td><td>人员</td><td></td></tr>
<tr><td rowspan="2">上述款项照数收讫无误。
收款单位财会专用章
（领款人签章）</td><td rowspan="2"></td><td>会计主管</td><td colspan="2">核　稽</td><td colspan="2">出　纳</td><td>交款人</td></tr>
<tr><td></td><td colspan="2"></td><td colspan="2"></td><td></td></tr>
</table>

第三联　给付款单位做收据

使用规定：1.本收据只做非经性专用收款收据，不能代替发票使用。2.结算方式按现金、转账、付委、信汇、电汇、托收承付、托收无承付等方式分别填列。3.本收据一式三联复写，不得涂改，如写错不得撕掉，要保留备查。

81-2. 付款通知单

付 款 通 知 单

申 请 付款 部 门				付 款申请人	
付款金额	大写：				
付款方式		收款单位名称		开户行	
		收款单位地址		账 号	
付款内容				申请部门负责人	
				总经理（厂长）	
				财务部门负责人	
				出 纳	

申请付款日期　　　　　　　　　　　　　　实际付款日期

（二）由财务部门作为原始凭证

81-3. 银行转账支票

银行转账支票存根（辽） GS 02　04643025 附加信息 _____ _____ 出票日期　年 月 日 收款人： 金　额： 用　途： 单位主管　会计	本支票付款期限十天	银行　转账支票（辽）　锦州 出票日期（大写）　年　月　日　付款行名称： 收款人：　　　　　　　　　　　出票人账号： 人民币 （大写）　　　　　　　　　　　亿千百十万千百十元角分 用途_____ 上列款项请从 我账户内支付 出票人签章　　　　　　　　　　　复核　　记账

82-1. 收款收据

专 用 收 款 收 据

收款日期　　　年　　月　　日

辽财会账证49号			
付款单位（交款人）		收款单位（领款人）		收款项目	
人民币（大写）			
收款事由		经办	部门 人员
上述款项照数收讫无误。 收款单位财会专用章 （领款人签章）	会计主管　　核 稽　　出 纳　　交款人

第三联　给付款单位做收据

使用规定：　1.本收据只做非经性专用收款收据，不能代替发票使用。2.结算方式按现金、转账、付委、信汇、电汇、托收承付、托收无承付等方式分别填列。3.本收据一式三联复写，不得涂改，如写错不得撕掉，要保留备查。

82-2. 银行进账单

银行　**进账单**（收账通知）

3

年　　月　　日

出票人	全　称		收款人	全　称	
	账　号			账　号	
	开户银行			开户银行	

金额	人民币（大写）		亿	千	百	十	万	千	百	十	元	角	分

票据种类		票据张数	
票据号码			

复核　　　　记账　　　　　　　　　　　收款人开户银行签章

此联是收款人开户银行交给收款人的收账通知

83. 董事会决定

公告编号：临2020-003

锦州大华有限公司
董事会决议公告

　　本公司董事会及全体董事保证本公告内容不存在任何虚假记载、误导性陈述或者重大遗漏，并对其内容的真实性、准确性和完整性承担法律责任。

一、董事会会议召开情况

　　本次董事会经过了适当的通知程序，会议的召集、召开和表决程序符合相关法律法规和公司章程的规定，会议及通过的决议合法有效。

二、董事会会议审议情况

1. 议案名称：关于公司坏账的处理

2. 表决情况：通过

　　特此公告。

锦州大华有限公司董事会

2020年12月30日

84. 计提坏账准备明细表

计提坏账准备明细表

单位名称：　　　　　　　　　　　年　月　日　　　　　　　　　　单位：元

科目	账龄	金额	计提比例	坏账金额	本年计提前坏账准备	本年计提坏账准备
合计						

85. 银行电汇凭证

请将下述款项用以下方式汇出：
□普通汇款业务
□加急即时业务

银行电汇凭证（回　单）

委托日期　　　年　月　日

汇款人	全　称		收款人	全　称	
	账　号			账　号	
	汇出地点	省　　市/县		汇入地点	
汇出行名称					

金额	人民币（大写）	亿 千 百 十 万 千 百 十 元 角 分

| 支付密码 | |
| 附加信息及用途： |

汇出行签章　　　　　　　　复核：　　　记账：

（2）此联汇出行给汇款人的回单

特别提示：普通汇款业务，次日到账。
　　　　　加急即时业务，保证2小时内到账，加收30%费用。

86. 专用收款收据

辽财会账证49号

专用收款收据

收款日期　　年　月　日

付款单位（交款人）		收款单位（领款人）		收款项目	
人民币（大写）					
收款事由			经办	部门	
				人员	
上述款项照数收讫无误。收款单位财会专用章（领款人签章）		会计主管	核　稽	出　纳	交款人

第三联　给付款单位做收据

使用规定：　1.本收据只做非经性专用收款收据，不能代替发票使用。2.结算方式按现金、转账、
付委、信汇、电汇、托收承付、托收无承付等方式分别填列。3.本收据一式三联复写，
不得涂改，如写错不得撕掉，要保留备查。

87-1. 业务委托单

_____ **银行**　　　　　　　　　　　　　　　　　**业务委托书**

委托日期　　　　年　　月　　日

银行打印							

客户填写	业务类型	☐电汇　☐信汇　☑汇票申请书　☐本票申请书　☐其他		汇款方式	☐普通　☐加急	

事后监督：　　　　会计主管：　　　　复核：　　　　记账：

第一联 记账联

87-2. 银行电汇凭证

请将下述款项用以下方式汇出：　　　　　　**银行电汇凭证**（回　单）
☐普通汇款业务
☐加急即时业务　　　　　　委托日期　　　年　　月　　日

特别提示：普通汇款业务，次日到账。
　　　　　加急即时业务，保证2小时内到账，加收30%费用。

（2）此联汇出行给汇款人的回单

87-3. 付款通知单

付 款 通 知 单

申 请 付 款 部 门			付 款 申请人	
付款金额	大写：			
付款 方式		收款单位名称	开户行	
		收款单位地址	账 号	
付款 内容			申请部门 负责人	
			总经理 （厂长）	
			财务部门 负责人	
			出 纳	

申请付款日期   实际付款日期

（二）由财务部门作为原始凭证

88-1. 付款通知单

付 款 通 知 单

申 请 付 款 部 门			付 款 申请人	
付款金额	大写：			
付款 方式		收款单位名称	开户行	
		收款单位地址	帐 号	
付款 内容			申请部门 负责人	
			总经理 （厂长）	
			财务部门 负责人	
			出 纳	

申请付款日期   实际付款日期

（二）由财务部门作为原始凭证

88-2. 银行电汇凭证

请将下述款项用以下方式汇出：
□普通汇款业务
□加急即时业务

银行电汇凭证（回　单）

委托日期　　　年　月　日

汇款人	全　称		收款人	全　称	
	账　号			账　号	
	汇出地点	省　　市/县		汇入地点	
汇出行名称					

金额	人民币（大写）						亿	千	百	十	万	千	百	十	元	角	分

支付密码

附加信息及用途：

汇出行签章　　　　　　　　　　　复核：　　　　记账：

（2）此联汇出行给汇款人的回单

特别提示：普通汇款业务，次日到账。
　　　　　加急即时业务，保证2小时内到账，加收30%费用。

89-1. 银行进账单

银行　进账单（收账通知）

3

年　　月　　日

出票人	全　称		收款人	全　称	
	账　号			账　号	
	开户银行			开户银行	

金额	人民币（大写）			亿	千	百	十	万	千	百	十	元	角	分

票据种类		票据张数	
票据号码			

复核　　　　　记账　　　　　　　　　收款人开户银行签章

此联是收款人开户银行交给收款人的收账通知

89-2. 专用收款收据

专用收款收据

辽财会账证49号

收款日期　　年　　月　　日

付款单位 （交款人）		收款单位 （领款人）		收款 项目	
人民币 （大写）					
收款事由			经办	部门	
				人员	
上述款项照数收讫无误。 收款单位财会专用章 （领款人签章）		会计主管	核稽	出纳	交款人

第三联　给付款单位做收据

使用规定：1.本收据只做非经性专用收款收据，不能代替发票使用。2.结算方式按现金、转账、付委、信汇、电汇、托收承付、托收无承付等方式分别填列。3.本收据一式三联复写，不得涂改，如写错不得撕掉，要保留备查。

90-1. 专用收款收据

专用收款收据

辽财会账证49号

收款日期　　年　　月　　日

付款单位 （交款人）		收款单位 （领款人）		收款 项目	
人民币 （大写）					
收款事由			经办	部门	
				人员	
上述款项照数收讫无误。 收款单位财会专用章 （领款人签章）		会计主管	核稽	出纳	交款人

第三联　给付款单位做收据

使用规定：1.本收据只做非经性专用收款收据，不能代替发票使用。2.结算方式按现金、转账、付委、信汇、电汇、托收承付、托收无承付等方式分别填列。3.本收据一式三联复写，不得涂改，如写错不得撕掉，要保留备查。

90-2. 银行转账支票

银行
转账支票存根（辽）

GS 02 04643025

附加信息 _____

_____

出票日期　年 月 日

收款人：	
金　额：	
用　途：	

单位主管　会计

本支票付款期限十天

银行　转账支票（辽） 锦州

出票日期（大写）　　年　　月　　日　　付款行名称：

收款人：　　　　　　　　　　　　　　出票人账号：

人民币（大写）　　　　　　　　　　　亿千百十万千百十元角分

用途 _____

上列款项请从
我账户内支付
出票人签章

复核　　　记账

115

91-1. 专用收款收据

专 用 收 款 收 据

辽财会账证49号

收款日期　　年　　月　　日

付款单位 （交款人）		收款单位 （领款人）		收款 项目	
人民币 （大写）					
收款事由			经办	部门	
				人员	

上述款项照数收讫无误。 收款单位财会专用章 （领款人签章）	会计主管	核　稽	出　纳	交款人

第三联　给付款单位做收据

使用
规定：　1.本收据只做非经性专用收款收据，不能代替发票使用。2.结算方式按现金、转账、付委、信汇、电汇、托收承付、托收无承付等方式分别填列。3.本收据一式三联复写，不得涂改，如写错不得撕掉，要保留备查。

91-2. 银行转账支票

银行
转账支票存根（辽）

GS
02　04643025

附加信息＿＿＿＿＿＿

＿＿＿＿＿＿＿

出票日期　年　月　日

收款人：

金　额：

用　途：

单位主管　　会计

本支票付款期限十天

银行　转账支票（辽）　锦州

出票日期（大写）　　年　　月　　日　　付款行名称：

收款人：　　　　　　　　　　　　　　出票人账号：

人民币
（大写）　　　　　　　　　　　　　亿千百十万千百十元角分

用途＿＿＿＿＿＿

上列款项请从
我账户内支付
出票人签章

复核　　　记账

92. 工资费用分配表

工资费用分配表

　　年　　月　　日　　　　　　　　　　金额单位：元

应借科目	成本费用科目	备注
合计		

93. 失业保险计算表

失业保险计算表

会计期间：　　　　　　　　　　　　　　　　　　　　　　　　　　　　金额单位：元

所属部门	工资	计提比例	金额	科目	备注
合计					

94-1. 辽宁增值税普通发票

210077894　辽宁增值税普通发票　No: 01432563

开票日期：　　年　月　日

购买方	名　　　称： 纳税人识别号： 地　址、电　话： 开户行及账号：				密码区			
货物或应税劳务、服务名称	规格型号	单位	数量	单价	金额	税率	税额	
合　　　计								
价税合计（大写）					（小写）			
销售方	名　　　称： 纳税人识别号： 地　址、电　话： 开户行及账号：				备注			

收款人：　　　　　复核：　　　　　开票人：　　　　　销货单位：（章）

第二联　发票联　购货方记账凭证

94-2. 工会经费计提分配表

工会经费计提分配表

会计期间：　　　　　　　　　　　　　　　　　　　　　　　　　　　　单位：元

应借科目	计提基数	计提比例	计提金额	备注
合计				

95-1. 辽宁增值税普通发票

210077894　辽宁增值税普通发票　No: 01432563

开票日期：　　年　月　日

<table>
<tr><td rowspan="4">购买方</td><td>名　　称：</td><td rowspan="4">密码区</td><td rowspan="14">第二联　发票联　购货方记账凭证</td></tr>
<tr><td>纳税人识别号：</td></tr>
<tr><td>地址、电话：</td></tr>
<tr><td>开户行及账号：</td></tr>
</table>

货物或应税劳务、服务名称	规格型号	单位	数量	单价	金额	税率	税额
合　　计							

价税合计（大写）		（小写）

<table>
<tr><td rowspan="4">销售方</td><td>名　　称：</td><td rowspan="4">备注</td></tr>
<tr><td>纳税人识别号：</td></tr>
<tr><td>地址、电话：</td></tr>
<tr><td>开户行及账号：</td></tr>
</table>

收款人：　　　复核：　　　开票人：　　　销货单位：（章）

95-2. 教育经费计提分配表

教育经费计提分配表

会计期间：　　　　　　　　　　　　　　　　单位：元

应借科目	计提基数	计提比例	计提金额	备注
合计				

96. 医疗保险计算表

医疗保险计算表

会计期间：　　　　　　　　　　　　　　金额单位：元

所属部门	工资	计提比例	金额	科目	备注
合计					

97. 养老保险计算表

养老保险计算表

会计期间： 金额单位：元

所属部门	工资	计提比例	金额	科目	备注
合计					

98. 住房公积金计算表

住房公积金计算表

会计期间： 金额单位：元

所属部门	工资	计提比例	金额	科目	备注
合计					

99-1. 月份工资结算单（2张）

月 份 工 资 结 算 单

车间 第 号

编号	姓名	基本工资	日工资	出勤日 日数	出勤日 金额					应领工资	扣款	实领工资	盖章
编号	姓名	基本工资	日工资	日数	金额					应领工资	扣款	实领工资	盖章
编号	姓名	基本工资	日工资	日数	金额					应领工资	扣款	实领工资	盖章
编号	姓名	基本工资	日工资	日数	金额					应领工资	扣款	实领工资	盖章
编号	姓名	基本工资	日工资	日数	金额					应领工资	扣款	实领工资	盖章
编号	姓名	基本工资	日工资	日数	金额					应领工资	扣款	实领工资	盖章
编号	姓名	基本工资	日工资	日数	金额					应领工资	扣款	实领工资	盖章
编号	姓名	基本工资	日工资	日数	金额					应领工资	扣款	实领工资	盖章
编号	姓名	基本工资	日工资	日数	金额					应领工资	扣款	实领工资	盖章
编号	姓名	基本工资	日工资	日数	金额					应领工资	扣款	实领工资	盖章
编号	姓名	基本工资	日工资	日数	金额					应领工资	扣款	实领工资	盖章
编号	姓名	基本工资	日工资	日数	金额					应领工资	扣款	实领工资	盖章
小 计													

负责人： 会计： 制表：

月 份 工 资 结 算 单

车间 _____　　　　　　　　　　　　　　　　　　　　　　　　第　号

编号	姓 名	基本工资	日工资	出勤日						应领工资	扣　款	实领工资	盖 章
				日 数	金 额								
编号	姓 名	基本工资	日工资	日 数	金 额					应领工资	扣　款	实领工资	盖 章
编号	姓 名	基本工资	日工资	日 数	金 额					应领工资	扣　款	实领工资	盖 章
编号	姓 名	基本工资	日工资	日 数	金 额					应领工资	扣　款	实领工资	盖 章
编号	姓 名	基本工资	日工资	日 数	金 额					应领工资	扣　款	实领工资	盖 章
编号	姓 名	基本工资	日工资	日 数	金 额					应领工资	扣　款	实领工资	盖 章
编号	姓 名	基本工资	日工资	日 数	金 额					应领工资	扣　款	实领工资	盖 章
编号	姓 名	基本工资	日工资	日 数	金 额					应领工资	扣　款	实领工资	盖 章
编号	姓 名	基本工资	日工资	日 数	金 额					应领工资	扣　款	实领工资	盖 章
编号	姓 名	基本工资	日工资	日 数	金 额					应领工资	扣　款	实领工资	盖 章
编号	姓 名	基本工资	日工资	日 数	金 额					应领工资	扣　款	实领工资	盖 章
	小　计												

负责人:　　　　　　　　　会计:　　　　　　　　　制表:

99-2. 月份考勤表

月 份 考 勤 表

部门 _____

月份 _____

A=早班MORNING SHIFT　B=中班AFTERNOON SHIFT
C=夜班NIGHT SHIFT　　　D=白休DAY SHIFT
X=轮休DAY OFF

序号	姓名＼日期	1	2	3	4	5	6	7	8	9	10	11	12	13	14	15	16	17	18	19	20	21	22	23	24	25	26	27	28	29	30	31
1																																
2																																
3																																
4																																
5																																
6																																
7																																
8																																
9																																
10																																
11																																
12																																
13																																
14																																
15																																

考勤员　　　　　　部门负责人　　　　　　劳资(人事)　　　　　　主管领导

99-3. 中华人民共和国税收通用缴款书

中 华 人 民 共 和 国
税 收 通 用 缴 款 书

（2008）辽地缴电

隶属关系：
注册类型：　　　　　填发日期：　　年　月　日　　征收机关：

缴款单位（人）	代　码		收款国库	编码	
	全　称			名称	
	开户银行		限缴日期		年　月　日
	账　号				

税（费）种	品目名称	所属时期	预算科目	预算级次	实缴金额

金额合计	（大写）			

缴款单位（人）（盖章）经办人（章）	税务机关（盖章）填票人（章）	上列款项已收妥关划转收款单位账户国库（银行）盖章　　年　月　日	备注：

100. 银行转账支票

银行转账支票存根（辽）GS/02 04643025 附加信息 _____ _____ 出票日期　年　月　日 收款人： 金　额： 用　途： 单位主管　　会计	本支票付款期限十天

银行　　转账支票（辽）锦州

出票日期（大写）　　年　月　日　　付款行名称：
收款人：　　　　　　　　　　　　出票人账号：

人民币（大写）　　　　　　　　　亿千百十万千百十元角分

用途_____
上列款项请从
我账户内支付
出票人签章　　　　　　　复核　　记账

101. 职工困难补助发放表（自制）

职工困难补助发放表

会计期间：　　　　　　　　　　　　　　　　　　　　　　单位：元

序号	部门	姓名	收款开户行	银行账号	金额	备注
合计						

102. 职工食堂补助发放表(自制)

职工食堂补助发放表

会计期间：　　　　　　　　　　　　　　　　　　　　　　　　　　　　　　　单位：元

序号	部门	姓名	收款一卡通账号	金额	本人签字	备注
			合计			

103-1. 专用收款收据

专 用 收 款 收 据

辽财会账证49号

收款日期　　　年　　月　　日

付款单位（交款人）		收款单位（领款人）		收款项目	
人民币（大写）					
收款事由			经办	部门	
				人员	
上述款项照数收讫无误。收款单位财会专用章（领款人签章）		会计主管	核稽	出纳	交款人

第三联　给付款单位做收据

使用规定：1.本收据只做非经性专用收款收据，不能代替发票使用。2.结算方式按现金、转账、付委、信汇、电汇、托收承付、托收无承付等方式分别填列。3.本收据一式三联复写，不得涂改，如写错不得撕掉，要保留备查。

103-2. 辽宁增值税普通发票

210077894　　**辽宁增值税普通发票**　　No: 01432563

开票日期　　年　月　日

购买方	名　　称： 纳税人识别号： 地址、电话： 开户行及账号：				密码区		
货物或应税劳务、服务名称	规格型号	单位	数量	单价	金额	税率	税额
合　　　计							
价税合计（大写）				(小写)			
销售方	名　　称： 纳税人识别号： 地址、电话： 开户行及账号：				备注		

收款人：　　　　　复核：　　　　　开票人：　　　　　销货单位：（章）

第二联　发票联　购货方记账凭证

103-3. 付款通知单

付 款 通 知 单

申 请 付 款 部 门				付 款 申请人	
付款金额	大写：				
付款 方式	收款单位名称			开户行	
	收款单位地址			账 号	
付款 内容				申请部门 负责人	
				总经理 （厂长）	
				财务部门 负责人	
				出 纳	

申请付款日期　　　　　　　　　　　　　　　　实际付款日期

（二）由财务部门作为原始凭证

103-4. 银行转账支票

银行 转账支票存根（辽）	银行　转账支票（辽）　锦州
GS/02 04643025	出票日期（大写）　年　月　日　　付款行名称：
附加信息	收款人：　　　　　　　　　　出票人账号：
	人民币（大写）　　　　　亿千百十万千百十元角分
出票日期　年 月 日	用途
收款人：	上列款项请从
金　额：	我账户内支付
用　途：	出票人签章　　　　复核　　记账
单位主管　会计	

本支票付款期限十天

104-1. 新建(购置)固定资产验收交接记录

新建（购置）固定资产验收交接记录

单位名称：　　　　　　　　　　　　　　　　　　　　　　　　　第　　号

移交单位				接收单位						
名　　称			计量单位		固定资产组成					
固定资产编号	建造单位		数量	名称	型号规格	建造工厂建造编号	数量	原价	单价
规格型号	建造	年月	合同号						
		编号							
技术特征									
原　　价	其中：	工程费	设备费	其他					
保管使用单位	预计使用年　限		预计清理净残值						
验收意见									
验收人员签章			附属技术资料						

验收日期：　　　　　　　　　　　　年　　月　　日　　款源：

移交单位：　　　　　　　　　　（公章）接收单位：　　　　　　　　　　（公章）
移交单位主管：　　　　　　　　（签章）接收单位主管：　　　　　　　　（签章）
移交单位技术主管：　　　　　　（签章）接收单位技术主管：　　　　　　（签章）
移交单位财务主管：　　　　　　（签章）接收单位财务主管：　　　　　　（签章）
具体经办（采购）人：　　　　　（签章）接收单位经办人：　　　　　　　（签章）
　　　　　　　　　年　　月　　日　　　　　　　　　　　年　　月　　日

104-2. 辽宁增值税专用发票

210077894

辽宁增值税专用发票
发票联

No: 01432563

开票日期：

第三联　发票联　购货方记账凭证

购货单位	名　　　称：					密码区		
	纳税人识别号：							
	地址、电话：							
	开户行及账号：							

货物或应税劳务名称	规格型号	单位	数量	单价	金　额	税率	税　额
合　　　计							

价税合计（大写）		（小写）

销货单位	名　　　称：	备注
	纳税人识别号：	
	地址、电话：	
	开户行及账号：	

收款人：　　　　　复核：　　　　　开票人：　　　　　销货单位：（章）

104-3. 银行进账单

银行　进账单（收账通知）

年　　月　　日

3

出票人	全　称		收款人	全　称	
	账　号			账　号	
	开户银行			开户银行	

金额	人民币（大写）		亿	千	百	十	万	千	百	十	元	角	分

票据种类		票据张数	
票据号码			

复核　　　　　记账

收款人开户银行签章

此联是收款人开户银行交给收款人的收账通知

104-4. 银行汇票

付款期限
壹 个 月

_____银行

银 行 汇 票

（多余款 收账通知）

地名

第　号

此联出票行结清多余款交申请人

出票日期（大写）	年　月　日	代理付款行：		行号：

收款人：		账号：

出票金额　人民币（大写）

实际结算金额　人民币（大写）	千	百	十	万	千	百	十	元	角	分

申请人：_____

账号或信址：_____

左列退回多余金额已收入你账户内

出票行：_____ 行　号：_____

备注：_____

多余金额									
千	百	十	万	千	百	十	元	角	分

出票行盖章

年　月　日

财务主管　　复核　　经办

105-1. 出差旅费报销表

辽财会账证56号	出 差 旅 费 报 销 表	年　月　日填

单位：

月	日	时间	出发地	月	日	时间	到达地	机票费	车(船)费	卧铺费	夜行车补助		市内交通费		宿　费			出差补助		其他	合计
											小时	金额	实支	包干	标准	实支	提成扣减	天数	金额		
		合　计																			

出差任务		报销金额（大写）	人民币：　仟　佰　拾　圆　角　分	预借金额	
		单领位导	部负责门人	出差人	报销金额
					结余或超支

会计主管人员　　　记账　　　审核　　　附单据　　张

105-2. 辽宁增值税普通发票

210077894 辽宁增值税普通发票 No: 01432563

开票日期：　年　月　日

<table>
<tr><td rowspan="4">购买方</td><td>名　　　　称：</td><td colspan="6"></td><td rowspan="4">密码区</td><td rowspan="4"></td></tr>
<tr><td>纳税人识别号：</td><td colspan="6"></td></tr>
<tr><td>地址、电话：</td><td colspan="6"></td></tr>
<tr><td>开户行及账号：</td><td colspan="6"></td></tr>
<tr><td>货物或应税劳务、服务名称</td><td>规格型号</td><td>单位</td><td>数量</td><td>单价</td><td>金额</td><td>税率</td><td colspan="2">税额</td></tr>
<tr><td></td><td></td><td></td><td></td><td></td><td></td><td></td><td colspan="2"></td></tr>
<tr><td>合　　计</td><td></td><td></td><td></td><td></td><td></td><td></td><td colspan="2"></td></tr>
<tr><td>价税合计（大写）</td><td colspan="6">（小写）</td><td colspan="2"></td></tr>
<tr><td rowspan="4">销售方</td><td>名　　　　称：</td><td colspan="6"></td><td rowspan="4">备注</td><td rowspan="4"></td></tr>
<tr><td>纳税人识别号：</td><td colspan="6"></td></tr>
<tr><td>地址、电话：</td><td colspan="6"></td></tr>
<tr><td>开户行及账号：</td><td colspan="6"></td></tr>
</table>

收款人：　　　　复核：　　　　开票人：　　　　销货单位：（章）

第二联 发票联 购货方记账凭证

105-3. 车票4张(2张火车票，2张客车票)

106. 辽宁增值税普通发票

210077894 　**辽宁增值税普通发票**　 No: 01432563

开票日期：　　年　月　日

购买方	名　　　称： 纳税人识别号： 地址、电话： 开户行及账号：					密码区		
货物或应税劳务、服务名称	规格型号	单位	数量	单价	金额	税率	税额
合　　　计							
价税合计（大写）				（小写）			
销售方	名　　　称： 纳税人识别号： 地址、电话： 开户行及账号：					备注		

收款人：　　　　复核：　　　　　开票人：　　　　销货单位：（章）

第二联　发票联　购货方记账凭证

107. 固定资产折旧计算表

固定资产折旧计算表

编号	固定资产	原值	年限	月折旧

108. 辽宁增值税普通发票

210077894 辽宁增值税普通发票 No: 01432563

开票日期： 年 月 日

购买方	名　　称： 纳税人识别号： 地址、电话： 开户行及账号：				密码区			
货物或应税劳务、服务名称	规格型号	单位	数量	单价	金额	税率	税额
合　　计							
价税合计（大写）					（小写）		
销售方	名　　称： 纳税人识别号： 地址、电话： 开户行及账号：				备注			

收款人：　　　　复核：　　　　开票人：　　　　销货单位：（章）

第二联 发票联 购货方记账凭证

109. 辽宁增值税普通发票

210077894 辽宁增值税普通发票 No: 01432563

开票日期： 年 月 日

购买方	名　　称： 纳税人识别号： 地址、电话： 开户行及账号：				密码区			
货物或应税劳务、服务名称	规格型号	单位	数量	单价	金额	税率	税额
合　　计							
价税合计（大写）					（小写）		
销售方	名　　称： 纳税人识别号： 地址、电话： 开户行及账号：				备注			

收款人：　　　　复核：　　　　开票人：　　　　销货单位：（章）

第二联 发票联 购货方记账凭证

110-1. 辽宁增值税普通发票

210077894 **辽宁增值税普通发票** No: 01432563

开票日期： 年 月 日

购买方	名　　称：						
	纳税人识别号：						
	地址、电话：					密码区	
	开户行及账号：						

货物或应税劳务、服务名称	规格型号	单位	数量	单价	金额	税率	税额
合　　计							

价税合计（大写）		（小写）	

销售方	名　　称：		备注
	纳税人识别号：		
	地址、电话：		
	开户行及账号：		

收款人：　　　　　复核：　　　　　开票人：　　　　　销货单位：（章）

110-2. 银行转账支票

银行 转账支票存根（辽） GS 02　04643025 附加信息 _____ _____ _____ 出票日期　年 月 日 收款人： 金　额： 用　途： 单位主管　会计	本支票付款期限十天	**银行　　转账支票**（辽）　锦州

出票日期（大写）　年　月　日　付款行名称：
收款人：　　　　　　　　　　　　出票人账号：

人民币
（大写）　　　　　　　　　　　　　亿千百十万千百十元角分

用途 _____
上列款项请从
我账户内支付
出票人签章　　　　　　　　复核　　　记账

111-1. 辽宁增值税普通发票

210077894 **辽宁增值税普通发票** No: 01432563

开票日期： 年 月 日

<table>
<tr><td rowspan="4">购买方</td><td>名　　　称：</td><td rowspan="4">密码区</td><td rowspan="4"></td></tr>
<tr><td>纳税人识别号：</td></tr>
<tr><td>地址、电话：</td></tr>
<tr><td>开户行及账号：</td></tr>
</table>

货物或应税劳务、服务名称	规格型号	单位	数量	单价	金额	税率	税额
合　　计							

价税合计（大写）	（小写）

<table>
<tr><td rowspan="4">销售方</td><td>名　　　称：</td><td rowspan="4">备注</td><td rowspan="4"></td></tr>
<tr><td>纳税人识别号：</td></tr>
<tr><td>地址、电话：</td></tr>
<tr><td>开户行及账号：</td></tr>
</table>

收款人： 复核： 开票人： 销货单位：（章）

第二联 发票联 购货方记账凭证

111-2. 银行转账支票

银行 转账支票存根（辽）	银行　转账支票（辽）锦州

GS/02 04643025

附加信息

出票日期 年 月 日
收款人：
金　额：
用　途：
单位主管　会计

本支票付款期限十天

出票日期（大写） 年 月 日 付款行名称：
收款人： 出票人账号：
人民币（大写） 亿千百十万千百十元角分

用途
上列款项请从我账户内支付
出票人签章

复核 记账

112-1. 出库单（19张）

辽财会账证47号 辽宁省财政厅监制（07）

出库单

付给＿＿＿＿＿＿＿＿　　　　年　　月　　日　　类别＿＿＿＿＿　编号＿＿＿　第＿＿号

货　号	品　　　名	规　格	单位	数　　量	单价	金　　额
负责人		仓库负责人		经手人出库		记账	合　计	

辽财会账证47号 辽宁省财政厅监制（07）

出库单

付给＿＿＿＿＿＿＿＿　　　　年　　月　　日　　类别＿＿＿＿＿　编号＿＿＿

货　号	品　　　名	规　格	单位	数　　量	单价	金　　额
负责人		仓库负责人		经手人出库		记账	合　计	

辽财会账证47号

(07) 辽宁省财政厅监制

出库单

第　　号

付给＿＿＿＿＿＿＿　　　　年　　月　　日　类别＿＿＿＿　编号＿＿＿＿

货　号	品　　　名	规　格	单位	数　量	单价	金　　额
负责人	负责人仓库	经手人出库	记账		合　计	

辽财会账证47号

(07) 辽宁省财政厅监制

出库单

第　　号

付给＿＿＿＿＿＿＿　　　　年　　月　　日　类别＿＿＿＿　编号＿＿＿＿

货　号	品　　　名	规　格	单位	数　量	单价	金　　额
负责人	负责人仓库	经手人出库	记账		合　计	

辽财会账证47号　辽宁省财政厅监制（07）

出 库 单

付给＿＿＿＿＿＿＿＿　　　　年　月　日　类别＿＿＿＿　第　号　编号＿＿＿＿

货　号	品　　　名	规　格	单位	数　量	单　价	金　　额
负责人	仓库负责人	经手人出库	记账	合　计		

辽财会账证47号　辽宁省财政厅监制（07）

出 库 单

付给＿＿＿＿＿＿＿＿　　　　年　月　日　类别＿＿＿＿　第　号　编号＿＿＿＿

货　号	品　　　名	规　格	单位	数　量	单　价	金　　额
负责人	仓库负责人	经手人出库	记账	合　计		

辽财会账证47号

辽宁省财政厅监制 ★ （07）

出库单

付给＿＿＿＿＿＿

年　月　日　类别＿＿＿＿　第＿＿号　编号＿＿＿＿

货　号	品　　名	规　格	单位	数　量	单价	金　　额
负责人		负责人仓库		经手人出库		记账	合　计	

辽财会账证47号

辽宁省财政厅监制 ★ （07）

出库单

付给＿＿＿＿＿＿

年　月　日　类别＿＿＿＿　第＿＿号　编号＿＿＿＿

货　号	品　　名	规　格	单位	数　量	单价	金　　额
负责人		负责人仓库		经手人出库		记账	合　计	

辽财会账证47号 （辽宁省财政厅监制 ★（07））

出 库 单

付给＿＿＿＿＿＿＿＿   年　月　日　类别＿＿＿＿　编号＿＿＿＿

第　　号

货号	品　　　名	规　格	单位	数　　量	单价	金　　　　额
负责人	负责人仓库	经手人出库	记账		合　计	

辽财会账证47号 （辽宁省财政厅监制 ★（07））

出 库 单

付给＿＿＿＿＿＿＿＿   年　月　日　类别＿＿＿＿　编号＿＿＿＿

第　　号

货号	品　　　名	规　格	单位	数　　量	单价	金　　　　额
负责人	负责人仓库	经手人出库	记账		合　计	

辽财会账证47号

辽宁省财政厅监制
★
（07）

出库单

付给＿＿＿＿＿＿　　　年　月　日　类别＿＿＿　第　号　编号＿＿＿

货 号	品　　名	规 格	单位	数　量	单 价	金　　额						
负责人		仓库负责人		经出手人库		记账		合　计				

辽财会账证47号

辽宁省财政厅监制
★
（07）

出库单

付给＿＿＿＿＿＿　　　年　月　日　类别＿＿＿　第　号　编号＿＿＿

货 号	品　　名	规 格	单位	数　量	单 价	金　　额						
负责人		仓库负责人		经出手人库		记账		合　计				

辽财会账证47号　　辽宁省财政厅监制 ★ （07）

出库单

付给＿＿＿＿＿＿＿＿＿　　　年　月　日　类别＿＿＿　第　号 编号＿＿＿

货　号	品　　名	规　格	单位	数　量	单　价	金　　额
负责人	负责人仓库	经手人出库	记账		合　计	

辽财会账证47号　　辽宁省财政厅监制 ★ （07）

出库单

付给＿＿＿＿＿＿＿＿＿　　　年　月　日　类别＿＿＿　第　号 编号＿＿＿

货　号	品　　名	规　格	单位	数　量	单　价	金　　额
负责人	负责人仓库	经手人出库	记账		合　计	

出库单

辽财会账证47号

辽宁省财政厅监制 ★ (07)

第　　号

付给＿＿＿＿＿＿　　　　　　年　　月　　日　　类别＿＿＿＿　　编号＿＿＿＿

货　号	品　　　名	规　格	单位	数　　量	单价	金　　　　额
负责人		负责人仓库		经手人出库		记账	合　计	

出库单

辽财会账证47号

辽宁省财政厅监制 ★ (07)

第　　号

付给＿＿＿＿＿＿　　　　　　年　　月　　日　　类别＿＿＿＿　　编号＿＿＿＿

货　号	品　　　名	规　格	单位	数　　量	单价	金　　　　额
负责人		负责人仓库		经手人出库		记账	合　计	

辽财会账证47号 辽宁省财政厅监制 ★ （07）

出 库 单

付给＿＿＿＿＿＿＿＿

年　月　日　类别＿＿＿＿

第＿＿＿号
编号＿＿＿＿

货 号	品　　名	规 格	单位	数　量	单 价	金　　　额
负责人		负责人仓库		经手人出库		记账		合　计	

辽财会账证47号 辽宁省财政厅监制 ★ （07）

出 库 单

付给＿＿＿＿＿＿＿＿

年　月　日　类别＿＿＿＿

第＿＿＿号
编号＿＿＿＿

货 号	品　　名	规 格	单位	数　量	单 价	金　　　额
负责人		负责人仓库		经手人出库		记账		合　计	

辽财会账证47号 辽宁省财政厅监制 ★ （07）

出 库 单

付给＿＿＿＿＿＿　　　　　年　月　日　类别＿＿＿　编号＿＿＿　　第　　号

货　号	品　　　名	规　格	单位	数　量	单价	金　　　额
负责人	仓库负责人	出库经手人		记账	合　计	

112-2. 材料动态表

材 料 动 态 表

使用部门：

卡片号	材料编号	材料名称	规格	计量单位	标准单价	月日结存		本月发生额				月日结存	
						数量	金额	收入		支出		数量	金额
								数量	金额	数量	金额		

仓库负责人

支 出 科 目												
合计												
数量	金额	数量	金额	数量	金额	数量	金额	数量	金额	数量	金额

审核　　　　　制表人

113. 生产工人工资费用分配表

工资费用分配表

产品型号	生产工时	分配率	金额
合计			

114-1. 辽宁省增值税普通发票

210077894　　*辽宁增值税普通发票*　　No: 01432563

开票日期：　年　月　日

购买方	名　　　称： 纳税人识别号： 地址、电话： 开户行及账号：				密码区			
货物或应税劳务、服务名称	规格型号	单位	数量	单价	金额	税率	税额
合　　　计							
价税合计（大写）					（小写）		
销售方	名　　　称： 纳税人识别号： 地址、电话： 开户行及账号：				备注			

收款人：　　　　复核：　　　　开票人：　　　　销货单位：（章）

第二联　发票联　购货方记账凭证

114-2. 银行转账支票

银行 转账支票存根（辽） GS/02 04643025 附加信息 出票日期　　年　月　日 收款人： 金额： 用途： 单位主管　　会计	本支票付款期限十天	**银行　转账支票**（辽）　锦州 出票日期（大写）　年　月　日　付款行名称： 收款人：　　　　出票人账号： 人民币 （大写）　　　　　　亿千百十万千百十元角分 用途 上列款项请从 我账户内支付 出票人签章　　　　复核　　记账

115-1. 出库单

出 库 单

辽财会账证47号   辽宁省财政厅监制 ★ (07)

第　号

付给_____   年　月　日　类别_____　编号_____

货　号	品　　　名	规　格	单位	数　量	单价	金　　　额
负责人	仓库负责人	出库经手人	记账	合　计		

115-2. 原材料盘盈盘亏报告表

原材料盘盈盘亏报告表

品名	规格	单位	单价	账面数量	盘点数量	盘盈		盘亏		情况说明
						数量	金额	数量	金额	
总经理审批意见：			财务总监意见：			财务分管会计意见：		仓库意见：		

116. 原材料盘亏处理意见表

原材料盘亏处理意见表

材料名称	盘亏金额	处理意见
总经理审批：		财务总监审批：

117-1. 辽宁增值税专用发票

210077894　辽宁增值税普通发票　　No: 01432563

开票日期：　年 月 日

购买方	名　　称： 纳税人识别号： 地址、电话： 开户行及账号：				密码区			
货物或应税劳务、服务名称	规格型号	单位	数量	单价	金额	税率	税额
合　　计							
价税合计（大写）					（小写）		
销售方	名　　称： 纳税人识别号： 地址、电话： 开户行及账号：				备注			

收款人：　　　　　复核：　　　　　开票人：　　　　　销货单位：（章）

第二联　发票联　购货方记账凭证

117-2. 出库单

辽财会账证47号　辽宁省财政厅监制（07）　　　　**出　库　单**　　　第　　号

付给＿＿＿＿＿＿　　　　年　　月　　日　类别＿＿＿＿　编号＿＿＿＿

货　号	品　　　名	规　格	单位	数　　量	单价	金　　额
负责人	负责仓人库	经出手人库	记账		合　计	

118-1. 入库单

入库单

辽宁省财政厅监制 ★ （07-1）

收到＿＿＿＿＿＿　　　　年　月　日　类别＿＿＿＿　编号＿＿＿＿　第　　号

9510720010108

品　　名	规　格	单位	数　量	实际单价	计划单价	金　　额							差　　异					
负责人	负责人仓库	经手人入库		记账		合　计												

118-2. 辽宁增值税普通发票

210077894　辽宁增值税普通发票　No: 01432563

开票日期：　　年　月　日

第二联　发票联　购货方记账凭证

购买方	名　　称： 纳税人识别号： 地址、电话： 开户行及账号：			密码区			
货物或应税劳务、服务名称	规格型号	单位	数量	单价	金额	税率	税额
合　　　计							
价税合计（大写）				（小写）			
销售方	名　　称： 纳税人识别号： 地址、电话： 开户行及账号：			备注			

收款人：　　　　复核：　　　　开票人：　　　　销货单位：（章）

118-3. 出差报销单

出 差 报 销 单

年　月　日　　　　　　　　　附原始单据　　　张

姓　名			出差详细地址		出差具体事由		日期	月　日起
								月　日止
转 船 费			金额		说明：			
住 宿 费			金额					
伙食补贴费			金额					
电 话 费			金额					
邮寄复印费			金额					
			金额					
			金额					
合 计 金 融				Ｙ：				

负责人：　　　　　　审核：　　　　　　出差人：

119-1. 辽宁增值税普通发票

210077894　　辽宁增值税普通发票　　No: 01432563

开票日期：　年　月　日

购买方	名　　　称：				密码区		
	纳税人识别号：						
	地址、电话：						
	开户行及账号：						

货物或应税劳务、服务名称	规格型号	单位	数量	单价	金额	税率	税额
合　　　计							

价税合计（大写）		（小写）

销售方	名　　　称：			备注
	纳税人识别号：			
	地址、电话：			
	开户行及账号：			

收款人：　　　　　复核：　　　　　开票人：　　　　　销货单位：（章）

119-2. 入库单

辽财会账证46号	辽宁省财政厅监制 ★ (07-1)	**入库单**								第　　号	

收到＿＿＿＿＿　　　　　年　月　日　类别＿＿＿＿＿　编号＿＿＿＿＿

品　　名	规　格	单位	数　量	实际单价	计划单价	金　　　额	差　　　异
负责人	仓库负责人	经手人入库	记账		合　计		

9510720010 8

119-3. 银行转账支票

银行转账支票存根（辽）GS/02 04643025 附加信息＿＿＿＿＿＿＿＿＿＿＿＿＿＿＿＿＿出票日期　年　月　日收款人：金　额：用　途：单位主管　会计	本支票付款期限十天	**银行　转账支票**（辽）锦州出票日期（大写）　年　月　日　付款行名称：收款人：　　　　　　　出票人账号：人民币（大写）　　　　　　　亿千百十万千百十元角分用途＿＿＿＿＿上列款项请从我账户内支付出票人签章　　　　　复核　　记账

120. 出库单

辽财会账证47号		辽宁省财政厅监制 (07)		出 库 单				年 月 日 类别____ 编号____		第 号	

付给____

货号	品 名	规 格	单位	数 量	单价	金 额
负责人	仓库负责人	出库经手人		记账	合 计	

121-1. 辽宁增值税普通发票

210077894 辽宁增值税普通发票 No: 01432563

开票日期： 年 月 日

购买方	名　　　称： 纳税人识别号： 地址、电话： 开户行及账号：			密码区			
货物或应税劳务、服务名称	规格型号	单位	数量	单价	金额	税率	税额
合　　　计							
价税合计（大写）				（小写）			
销售方	名　　　称： 纳税人识别号： 地址、电话： 开户行及账号：			备注			

收款人： 复核： 开票人： 销货单位：（章）

121-2. 入库单

辽财会账证46号	辽宁省财政厅监制 ★ (07-1)				入库单					第 号			

收到 _____　　　　　年　月　日　类别_____　编号_____

品　　名	规格	单位	数　量	实际单价	计划单价	金　　额	差　异
负责人	仓库负责人	入库经手人	记账			合　计	

9510720010 8

121-3. 银行转账支票

银行 转账支票存根（辽） GS/02 04643025 附加信息 _____ _____ 出票日期　年　月　日 收款人： 金额： 用途： 单位主管　会计	本支票付款期限十天	银行　转账支票（辽） 锦州

出票日期（大写）　　年　月　日　　付款行名称：
收款人：　　　　　　　　　　　　出票人账号：

人民币（大写）　　　　　　　　　　　亿千百十万千百十元角分

用途 _____
上列款项请从我账户内支付
出票人签章　　　　　　　　　复核　　　记账

122-1. 辽宁增值税专用发票

210077894 辽宁增值税专用发票 No: 01432563

发 票 联

开票日期：

购货单位	名　　称：								密码区	
	纳税人识别号：									
	地址、电话：									
	开户行及账号：									

货物或应税劳务名称	规格型号	单位	数量	单价	金　额	税率	税　额
合　　　计							

价税合计（大写）		（小写）

销货单位	名　　称：								备注	
	纳税人识别号：									
	地址、电话：									
	开户行及账号：									

收款人：　　　　　复核：　　　　　开票人：　　　　　销货单位：（章）

第三联　发票联　购货方记账凭证

122-2. 银行进账单

银行 进账单（收账通知）

3

年　　月　　日

出票人	全　　称		收款人	全　　称		
	账　　号			账　　号		
	开户银行			开户银行		

金额	人民币（大写）		亿	千	百	十	万	千	百	十	元	角	分

票据种类		票据张数	
票据号码			

复核　　　　　记账　　　　　　　　　　收款人开户银行签章

此联是收款人开户银行交给收款人的收账通知

122-3. 出库单

辽财会账证47号							**出库单**				第　　号	

年　月　日　类别＿＿＿＿　编号＿＿＿＿

付给＿＿＿＿＿＿

货　号	品　　　名	规　格	单位	数　　量	单价	金　　　额
负责人	仓库负责人	出库经手人	记账		合　计	

123-1. 辽宁增值税专用发票

辽宁增值税专用发票

此联不作报销税款抵扣凭证使用

开票日期：

购货单位	名　　　称：						密码区			
	纳税人识别号：									
	地址、电话：									
	开户行及账号：									
货物或应税劳务名称		规格型号	单位	数量	单价	金　额		税率	税　额	
合　　　计										
价税合计（大写）					（小写）					
销货单位	名　　　称：						备注			
	纳税人识别号：									
	地址、电话：									
	开户行及账号：									

收款人：　　　　复核：　　　　开票人：　　　　销货单位：（章）

第一联　记账联　销货方式记账凭证

123-2. 出库单

| 辽财会账证47号 | 辽宁省财政厅监制 ★ (07) | | 出 库 单 | | | 年 月 日 类别＿＿ 编号＿＿ | | | 第 号 | |

付给＿＿＿＿＿＿

货 号	品 名	规 格	单位	数 量	单 价	金 额
负责人		仓库负责人		出库经手人		记账			合 计	

123-3. 银行承兑汇票

银行承兑汇票 2

出票日期（大写）　　　　年　　月　　日

出票人全称		收款人	全称	
出票人账号			账号	
付款行全称			开户银行	
出票金额	人民币（大写）	亿 千 百 十 万 千 百 十 元 角 分		
汇票到期日（大写）		付款行	行号	
承兑协议编号			地址	
本汇票请你行承兑，到期无条件付款。	本汇票已经承兑，到期日由本行付款。 承兑日期　　年 月 日	承兑行签章		
出票人签章	备注：	复核　　　　记账		

此联收款人开户行随托收凭证寄付款行做借方凭证附件

124-1. 辽宁增值税专用发票

210077894　　辽宁增值税专用发票　　No: 01432563

发票联

开票日期：

购货单位	名　　　称：			密码区						
	纳税人识别号：									
	地址、电话：									
	开户行及账号：									

货物或应税劳务名称	规格型号	单位	数量	单价	金　额	税率	税　额
合　　计							

价税合计（大写）					（小写）	

销货单位	名　　　称：		备注	
	纳税人识别号：			
	地址、电话：			
	开户行及账号：			

收款人：　　　　复核：　　　　开票人：　　　　销货单位：（章）

第三联　发票联　购货方记账凭证

124-2. 出库单

辽财会账证47号　　　　**出 库 单**　　　　第　　号

付给＿＿＿＿＿＿　　　年　月　日　类别＿＿＿＿　编号＿＿＿＿

货号	品　　名	规格	单位	数　量	单价	金　额
负责人	负责仓人库	经手出人库	记账		合　计	

124-3. 银行承兑汇票

银行承兑汇票　　2

出票日期（大写）　　年　　月　　日

出票人全称		收款人	全称	
出票人账号			账号	
付款行全称			开户银行	
出票金额	人民币（大写）		亿 千 百 十 万 千 百 十 元 角 分	
汇票到期日（大写）		付款行	行号	
承兑协议编号			地址	

本汇票请你行承兑，到期无条件付款。	本汇票已经承兑，到期日由本行付款。 承兑日期　年 月 日　承兑行签章
出票人签章	备注：　　　复核　　　记账

125-1. 辽宁增值税专用发票

210077894　　辽宁增值税专用发票　　No: 01432563

发票联

开票日期：

购货单位	名　　称： 纳税人识别号： 地址、电话： 开户行及账号：		密码区	
货物或应税劳务名称	规格型号	单位	数量	单价	金　额	税率	税　额
合　　计							
价税合计（大写）			（小写）				
销货单位	名　　称： 纳税人识别号： 地址、电话： 开户行及账号：		备注	

收款人：　　　　复核：　　　　开票人：　　　　销货单位：（章）

125-2. 出库单

辽财会账证47号

辽宁省财政厅监制 ★ (07)

出库单

付给＿＿＿＿＿＿＿

年　月　日　类别＿＿＿＿　编号＿＿＿＿　第＿＿＿号

货号	品　　名	规格	单位	数　量	单价	金　　额
负责人	负责人仓库	经手人出库	记账		合　计	

125-3. 银行进账单

银行 进账单 (收账通知)

3

年　　月　　日

出票人	全　称		收款人	全　称		亿	千	百	十	万	千	百	十	元	角	分
	账　号			账　号												
	开户银行			开户银行												
金额	人民币（大写）															
票据种类		票据张数														
票据号码																
	复核　　　　记账				收款人开户银行签章											

此联是收款人开户银行交给收款人的收账通知

126-1. 辽宁增值税专用发票

210077894

辽宁增值税专用发票
发票联

No: 01432563

开票日期：

购货单位	名　　称： 纳税人识别号： 地址、电话： 开户行及账号：				密码区	
货物或应税劳务名称	规格型号	单位	数量	单价	金　额	税率	税　额
合　　计							
价税合计（大写）		（小写）					
销货单位	名　　称： 纳税人识别号： 地址、电话： 开户行及账号：				备注	

收款人：　　　　　复核：　　　　　开票人：　　　　　销货单位：（章）

第三联　发票联　购货方记账凭证

126-2. 银行进账单

银行　进账单（收账通知）

年　　月　　日

3

出票人	全　称		收款人	全　称	
	账　号			账　号	
	开户银行			开户银行	
金额	人民币 （大写）			亿 千 百 十 万 千 百 十 元 角 分	
票据种类		票据张数			
票据号码					
	复核　　　　记账			收款人开户银行签章	

此联是收款人开户银行交给收款人的收账通知

126-3. 出库单

辽财会账证47号			**出库单**						

付给_____　　　　年　月　日　类别_____　编号_____　第　号

货　号	品　　名	规　格	单位	数　量	单价	金　　额		
负责人	仓库负责人	出库经手人	记账			合　计		

127-1. 辽宁增值税专用发票

辽宁增值税专用发票

此联不作报销纳税购税扣税凭证使用

开票日期：

购货单位	名　称：				密码区			第一联　记账联　销货方式记账凭证
	纳税人识别号：							
	地址、电话：							
	开户行及账号：							
货物或应税劳务名称		规格型号	单位	数量	单价	金　额	税率	税　额
合　　　计								
价税合计（大写）					（小写）			
销货单位	名　称：				备注			
	纳税人识别号：							
	地址、电话：							
	开户行及账号：							

收款人：　　　　复核：　　　　开票人：　　　　销货单位：（章）

127-2. 出库单

辽财会账证47号

辽宁省财政厅监制
★ (07)

出 库 单

付给＿＿＿＿＿＿＿

年　月　日　类别＿＿＿　编号＿＿＿

第　　号

货号	品　　名	规　格	单位	数　量	单价	金　　额
负责人	仓库负责人	出库经手人	记账		合　计	

128-1. 辽宁增值税专用凭证

辽宁增值税专用发票

此联不作报销税务部凭证使用

开票日期：

购货单位	名　　称： 纳税人识别号： 地址、电话： 开户行及账号：					密码区	
货物或应税劳务名称	规格型号	单位	数量	单价	金　额	税率	税　额
合　　计							
价税合计（大写）				（小写）			
销货单位	名　　称： 纳税人识别号： 地址、电话： 开户行及账号：			备注			

收款人：　　　　复核：　　　　开票人：　　　　销货单位：（章）

第一联　记账联　销货方式记账凭证

128-2. 出库单

辽财会账证47号	辽宁省财政厅监制 (07) ★		出库单					第 号		

付给＿＿＿＿＿＿＿＿＿　　　　　年　月　日　类别＿＿＿＿　编号＿＿＿＿

货 号	品　　　名	规　格	单位	数　　量	单价	金　　　额				
负责人		仓库负责人		出库经手人		记账		合　计		

128-3. 银行进账单

银行　进账单（收账通知）

3

年　月　日

出票人	全　称		收款人	全　称											
	账　号			账　号											
	开户银行			开户银行											
金额	人民币（大写）					亿	千	百	十	万	千	百	十	元	角	分
票据种类		票据张数													
票据号码															
	复核　　　　记账				收款人开户银行签章										

此联是收款人开户银行交给收款人的收账通知

129-1. 辽宁增值税专用发票

210077894

辽宁增值税专用发票

发票联

No: 01432563

开票日期：

购货单位	名　　　称： 纳税人识别号： 地址、电话： 开户行及账号：					密码区	
货物或应税劳务名称	规格型号	单位	数量	单价	金　额	税率	税　额
合　　　计							
价税合计（大写）				（小写）			
销货单位	名　　　称： 纳税人识别号： 地址、电话： 开户行及账号：					备注	

收款人：　　　　复核：　　　　开票人：　　　　销货单位：（章）

第三联　发票联　购货方记账凭证

129-2. 出库单

辽财会账证47号

辽宁省财政厅监制（07）

出　库　单

付给_____　　年　月　日　类别____　编号____　第　号

货号	品　　　名	规　格	单位	数　量	单价	金　　额
负责人		负责仓库人	经手出库人	记账		合　计

130-1. 辽宁增值税专用发票

210077894

辽宁增值税专用发票

发　票　联

No: 01432563

开票日期：

第三联　发票联　购货方记账凭证

购货单位	名　　称： 纳税人识别号： 地址、电话： 开户行及账号：				密码区			
货物或应税劳务名称	规格型号	单位	数量	单价	金　额	税率	税　额
合　　　计							
价税合计（大写）		（小写）					
销货单位	名　　称： 纳税人识别号： 地址、电话： 开户行及账号：				备注			

收款人：　　　　　复核：　　　　　开票人：　　　　　销货单位：（章）

130-2. 出库单

辽财会账证47号　辽宁省财政厅监制（07）

出库单

付给＿＿＿＿＿＿　　　年　月　日　类别＿＿＿＿　第　　号　编号＿＿＿

货号	品　　　名	规　格	单位	数　量	单价	金　额
负责人	仓库负责人	经手人出库	记账		合　计	

131. 制造费用分配表

制造费用分配表

产品型号	工时	分配率	金额
合计			

132-1. 结转完工入库产品成本计算表(50寸坩埚)一张

产品成本计算表-50寸坩埚

编号	项目	直接材料	直接投资	制造费用	合计
1	月初在产品成本				
2	本月生产成本				
3	产成品成本合计				
4	本月完工产品数量				
5	月末在产品数量				
6	月末在产品完工程度				
7	月末在产品约当产量				
8	本月生产量合计				
9	费用分配率				
10	完工产品成本				
11	月末在产品成本				
12	完工产品单位成本				

132-2. 结转完工入库产品成本计算表(52寸坩埚)一张

产品成本计算表-52寸坩埚

编号	项目	直接材料	直接投资	制造费用	合计
1	月初在产品成本				
2	本月生产成本				
3	产成品成本合计				
4	本月完工产品数量				
5	月末在产品数量				
6	月末在产品完工程度				
7	月末在产品约当产量				
8	本月生产量合计				
9	费用分配率				
10	完工产品成本				
11	月末在产品成本				
12	完工产品单位成本				

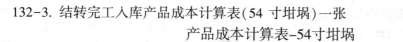

132-3. 结转完工入库产品成本计算表(54 寸坩埚)一张

产品成本计算表-54寸坩埚

编号	项目	直接材料	直接投资	制造费用	合计
1	月初在产品成本				
2	本月生产成本				
3	产成品成本合计				
4	本月完工产品数量				
5	月末在产品数量				
6	月末在产品完工程度				
7	月末在产品约当产量				
8	本月生产量合计				
9	费用分配率				
10	完工产品成本				
11	月末在产品成本				
12	完工产品单位成本				

133. 销售成本计算单

销售成本计算单

产品型号	期初库存			本月入库			本月出库			期末		
	数量	单价	金额	数量	单价	金额	数量	单价	金额	数量	单价	金额

134. 中华人民共和国税收通用缴款书

中 华 人 民 共 和 国
税 收 通 用 缴 款 书 （2008）

隶属关系：
注册类型：　　　　　　填发日期：　　年　月　日　　　　征收机关：

缴款单位（人）	代　码		收款国库	编码	
	全　称			名称	
	开户银行		限缴日期		年　月　日
	账　号				

税（费）种	品目名称	所属时期	预算科目	预算级次	实缴金额

金额合计	（大写）		

缴款单位（人）（盖章）经办人（章）	税务机关（盖章）填票人（章）	上列款项已收妥并划转收款单位账户　国库（银行）盖章　　年　月　日	备注：

第一联（收据）国库（银行）收款盖章后退缴款单位（人）做完税凭证

135. 中华人民共和国税收通用缴款书

中 华 人 民 共 和 国
税 收 通 用 缴 款 书 （2008）

隶属关系：
注册类型：　　　　　　填发日期：　　年　月　日　　　　征收机关：

缴款单位（人）	代　码		收款国库	编码	
	全　称			名称	
	开户银行		限缴日期		年　月　日
	账　号				

税（费）种	品目名称	所属时期	预算科目	预算级次	实缴金额

金额合计	（大写）		

缴款单位（人）（盖章）经办人（章）	税务机关（盖章）填票人（章）	上列款项已收妥并划转收款单位账户　国库（银行）盖章　　年　月　日	备注：

第一联（收据）国库（银行）收款盖章后退缴款单位（人）做完税凭证

136. 中华人民共和国税收通用完税证

中 华 人 民 共 和 国
税 收 通 用 完 税 证 （国）

注册类型：　　　填发日期：　　　年　　月　　日　　　征收机关：

纳税代码		地址	
纳税人名称		税所属时期	

税　种	品　目 名　称	课　税 数　量	计税金额或 销售收入	税率或 单位税额	已缴或 扣除额	实缴金额
金额合计						

税务机关 （盖章）	委托代征单位 （盖章）	填票人 （章）	备 注

第二联（收据）交纳税人做完税凭证

137. 中华人民共和国税收通用缴款书

中 华 人 民 共 和 国
税 收 通 用 缴 款 书 （2008）

隶属关系：
注册类型：　　　填发日期：　　　年　月　日　　　征收机关：

缴款单位（人）	代　码		收款国库	编码	
	全　称			名称	
	开户银行		限缴日期		年　　月　　日
	账　号				

税（费）种	品目名称	所属时期	预算科目	预算级次	实缴金额
金额合计	（大写）				

缴款单位（人） （盖章） 经办人（章）	税务机关 （盖章） 填票人（章）	上列款项已收妥并划转收款单位账户 国库（银行）盖章　　年　　月　　日	备注：

第一联（收据）国库（银行）收款盖章后退缴款单位（人）做完税凭证

165

138. 中华人民共和国税收通用缴款书

中 华 人 民 共 和 国
税 收 通 用 缴 款 书
（2008）

隶属关系：

注册类型： 　　　　　填发日期： 年 月 日 　　　　征收机关：

缴款单位（人）	代　码		收款国库	编码	
	全　称			名称	
	开户银行		限缴日期		年 月 日
	账　号				

税（费）种	品目名称	所属时期	预算科目	预算级次	实缴金额

金额合计	（大写）

缴款单位（人）（盖章）经办人（章）	税务机关（盖章）填票人（章）	上列款项已收妥并划转收款单位账户 国库（银行）盖章　年　月　日	备注：

第一联（收据）国库（银行）收款盖章后退缴款单位（人）做完税凭证

139. 中华人民共和国税收通用缴款书

中 华 人 民 共 和 国
税 收 通 用 缴 款 书
（2008）

隶属关系：

注册类型： 　　　　　填发日期： 年 月 日 　　　　征收机关：

缴款单位（人）	代　码		收款国库	编码	
	全　称			名称	
	开户银行		限缴日期		年 月 日
	账　号				

税（费）种	品目名称	所属时期	预算科目	预算级次	实缴金额

金额合计	（大写）

缴款单位（人）（盖章）经办人（章）	税务机关（盖章）填票人（章）	上列款项已收妥并划转收款单位账户 国库（银行）盖章　年　月　日	备注：

第一联（收据）国库（银行）收款盖章后退缴款单位（人）做完税凭证

140. 中华人民共和国税收通用缴款书

中华人民共和国
税收通用缴款书

（2008）

隶属关系：
注册类型：　　　　　填发日期：　年　月　日　　　　征收机关：

缴款单位（人）	代　码		收款国库	编码	
	全　称			名称	
	开户银行		限缴日期		年　月　日
	账　号				

税（费）种	品目名称	所属时期	预算科目	预算级次	实缴金额

金额合计	（大写）			

缴款单位（人）（盖章）经办人（章）	税务机关（盖章）填票人（章）	上列款项已收妥并划转收款单位账户 国库（银行）盖章　　年　月　日	备注：

第一联（收据）国库（银行）收款盖章后退缴款单位（人）做完税凭证

141. 中华人民共和国税收通用缴款书

中华人民共和国
税收通用缴款书

（2008）

隶属关系：
注册类型：　　　　　填发日期：　年　月　日　　　　征收机关：

缴款单位（人）	代　码		收款国库	编码	
	全　称			名称	
	开户银行		限缴日期		年　月　日
	账　号				

税（费）种	品目名称	所属时期	预算科目	预算级次	实缴金额

金额合计	（大写）			

缴款单位（人）（盖章）经办人（章）	税务机关（盖章）填票人（章）	上列款项已收妥并划转收款单位账户 国库（银行）盖章　　年　月　日	备注：

第一联（收据）国库（银行）收款盖章后退缴款单位（人）做完税凭证

142. 中华人民共和国税收通用缴款书

中 华 人 民 共 和 国
税 收 通 用 缴 款 书 ———（2008）

隶属关系：

注册类型： 　　　　　填发日期： 年 月 日 　　征收机关：

缴款单位（人）	代　码		收款国库	编码		
	全　称			名称		
	开户银行		限缴日期		年 月 日	
	账　号					

税（费）种	品目名称	所属时期	预算科目	预算级次	实缴金额

金额合计	（大写）

缴款单位（人）（盖章）经办人（章）	税务机关（盖章）填票人（章）	上列款项已收妥并划转收款单位账户 国库（银行）盖章　　年 月 日	备注：

第一联（收据）国库（银行）收款盖章后退缴款单位（人）做完税凭证

附：往来客户信息表

序号	公司名称	纳税识别号	地址	电话	开户行	账号
1	北方公司	9127096258734 16R58	锦州市太和区玉兰山路 89 号	0416-4069187	锦州银行希望支行	94010062578 8
2	大可公司	9210254766W9675279	锦州市太和区吉祥街 96 号	0416-3274089	锦州银行南山支行	6282945960 21
3	大矿公司	9120506024F30651Q5	锦州市凌河区广州街 368 号	0416-2899072	锦州银行金岭支行	940100271021
4	东方公司	9124919611 05051X38	锦州市太和区滨河路 6 段 79 号	0416-2755034	锦州银行天启支行	6282940756 12
5	杭州深东公司	9133018 3M296780329	杭州市钱塘新区 3 段 6 号	0571-8755018	中国建设银行文西支行	3896534758 81
6	红达公司	9121059657 4258617M	锦州市凌河区长沙街 185 号	0416-4296754	锦州银行饶阳支行	6282940805 04
7	红运公司	9121065574189W846	锦州市凌河区和平路 72 号	0416-4147056	锦州银行长江支行	940100157496
8	宏伟公司	9120753357 8F057867	锦州市古塔区湖北路 667 号	0416-4196785	锦州银行湖北路支行	6282940805 04
9	金山印刷厂	9210868007 639612	锦州市凌河区向阳街 80 号	0416-4177962	锦州银行金华支行	9235613736 43
10	锦变公司	9121070007 62819373	锦州市凌河区重庆路 4 段 3 号	0416-2836408	锦州银行铁北支行	940100637159
11	锦州市德龙公司	9210590421 89624Q92	锦州市太和区南光路 89 号	0416-5531020	锦州银行光彩支行	6282941875 46
12	锦州市电业局	9124086954 214F7605	锦州市解放路三段 9 号	0416-8125231	锦州银行解放路支行	9235610731 33
13	锦州市废品回收公司	9121090036 28657H86	锦州市凌河区松坡路 2 段 79 号	0416-3162479	锦州银行古塔支行	940100185232
14	锦州市会展中心	9021956 6Q078542946	锦州市古塔区西安街 5 段 94 号	0416-6696178	锦州市西安街支行	6282948970 65
15	锦州市技术监督局	9206892471 5563218	锦州市太和区市府路 7 号	0416-3120311	锦州市嘉禾支行	9235612684 01
16	锦州市联通公司	9121091837 50M81361	锦州市凌河区南京路 6 段 11 号	0416-7405923	锦州银行委兴支行	940100921067
17	锦州市粮油公司	9121996007 33548N5	锦州市青年大街 1—4 号	0416-2815077	锦州银行汇成支行	6282947410 32
18	锦州市配件厂	9210607052 3495 1786	锦州市太和区陵西大街 6 段 6 号	0416-5590717	锦州银行诚信支行	9235611901 56
19	锦州市石英玻璃有限公司	9121090593 248W237	锦州市古塔区解放西路 336 号	0416-6696178	锦州银行石桥子支行	940100167025
20	锦州市修配厂	9210936684 25N37596	锦州市太和区金星路 7 号	0416-5680962	锦州银行万通支行	6282941602 49
21	锦州市邮政公司	9130689974 284163Q9	锦州市古塔区延安路 19 号	0416-3697425	锦州银行站前支行	9235610801 87

续表

序号	公司名称	纳税识别号	地址	电话	开户行	账号
22	锦州市自来水公司	91480794126856E6972	锦州市古塔区士英街79号	0416-2810714	锦州银行士英支行	92356373643
23	锦州五金商店	94189736514286970 3	锦州市凌河区振兴街97号	0416-7711587	锦州银行北湖支行	940100174021
24	利达公司	91268095164027 15Q8	锦州市凌河区洛阳路216号	0416-4169187	锦州银行城内支行	62829410 6849
25	联邦公司	92106874952 1N07259	锦州市凌河区人民街3段29号	0416-2481489	锦州银行花园支行	923561597463
26	洛阳单晶公司	91410307M908097274	河南省洛阳市洛龙区古城路92号	0379-6346082	中国银行洛龙支行	37286563 2647
27	朋利运输公司	9121087735482 61908	锦州市凌河区南宁路2段50号	0416-3144031	锦州银行金三角支行	923568078523
28	锦州市全聚德烤鸭店	9121078629 45869386	锦州市大和区科技路69号	0416-5766709	锦州银行石化支行	923560469617
29	上海华普公司	31010866770951096E	上海市金山区清维路13号	021-39708724	上海浦东发展金山支行	62179201 3976
30	上海杰特公司	31010196772514076Q	上海市宝山区高西路25号	021-56882637	上海浦东发展高静支行	621792548095
31	上海五杰公司	31010179519150541X	上海市嘉定区新园路155弄16号	021-66786737	上海浦东发展和平支行	621792305729
32	世纪广告公司	91209605489634H827	锦州市凌河区上海路4段6号	0416-5907422	锦州银行千盛行	62829406 5796
33	泰利公司	91205547268923 7M09	锦州市凌河区杭州街33号	0416-5677624	锦州银行杭州支行	923560474609
34	兴达公司	91203386470259018Q	锦州市凌河区成都街50号	0416-2338369	锦州银行良安支行	62829401 2214

参 考 文 献

［1］刘雪清. 企业会计模拟实训教程［M］. 大连：东北财经大学出版社，2016.

［2］陈强. 企业财务会计［M］. 北京：人民邮电出版社，2018.

［3］战少慧. 业财税一体化综合实训［M］. 上海：同济大学出版社，2022.

［4］中华人民共和国财政部. 企业会计准则［M］. 北京：经济科学出版社，2006.

［5］财政部会计司编写组. 企业会计准则讲解［M］. 北京：人民出版社，2010.

附录 参考答案

发生额及余额表　　利润表　　明细账　　手工实训工作表

填制记账凭证　　现金流量表　　资产负债表　　总账